Geheimnisse des Meeres

Entdecke eine verborgene welt!

© für die deutsche Ausgabe: 2017,
Prestel Verlag, München · London · New York
in der Verlagsgruppe Random House GmbH
Neumarkter Straße 28 · 81673 München

Der Verlag weist ausdrücklich darauf hin, dass im Text enthaltene
externe Links vom Verlag nur bis zum Zeitpunkt der Buchveröffentlichung
eingesehen werden konnten. Auf spätere Veränderungen hat der Verlag
keinerlei Einfluss. Eine Haftung des Verlages ist daher ausgeschlossen.

Übersetzung: Birgit Franz
Lektorat: Katharina Knüppel
Projektmanagement: Mareike Rinke
Herstellung: Lisa Preissler

MIX
Papier aus verantwor-
tungsvollen Quellen
FSC® C104723

Printed in China

ISBN 978-3-7913-7285-3
www.prestel.de

Geheimnisse des Meeres

ENTDECKE EINE VERBORGENE WELT!

Kate Baker

Illustriert von Eleanor Taylor

Prestel

München · London · New York

Einleitung

Die Ozeane sind die Wiege des Lebens auf der Erde. Dennoch gehören
sie zu den am wenigsten erforschten Orten unseres Planeten. Von den
sonnendurchfluteten Flachwassern bis in die dunkelsten Tiefen beleuchtet
dieses Buch die außergewöhnlichen Geschöpfe, die sich unter der
Wasseroberfläche verbergen. Manche sind mit bloßem Auge kaum
zu erkennen, andere können ihre Farbe, Form oder Gestalt so verändern,
dass sie von einem Moment auf den anderen „unsichtbar" werden.
Wieder andere sind nur unter einem Mikroskop zu sehen, weil sie so
winzig sind, dass Millionen von ihnen in einen Wassertropfen passen.
Ohne sie würde das Leben, wie wir es kennen, nicht existieren.

Inhalt

In seichten Gewässern

Von Gezeiten- und Felsentümpeln bis hin zu tropischen Sandstränden wimmelt das Leben in den sonnendurchfluteten Gewässern, welche die Küsten unserer Kontinente einsäumen. Seetang und Meeresschnecken klammern sich an Felsen, winzige Fische ernähren sich von noch kleineren Schalentieren, während Seeanemonen mit ihren klebrigen Tentakeln Nahrung fangen. Wenn du noch genauer hinsiehst, entdeckst du eine verblüffende Vielfalt an mikroskopisch kleinen Lebewesen, die in diesen nährreichen Gewässern ums Überleben kämpfen.

Schan

| Lateinischer name: Lipophrys pholis | Grösse: 16 cm |
Typischer kleiner fisch mit schlankem, lang gestrecktem körper

. . . .

Der einsiedlerische Schan gehört zu den Schleimfischen, die keine
Schuppen besitzen. Versteckt in Spalten der Felsentümpel,
beobachtet er lauernd seine Umgebung. Durch seine Färbung
verschmilzt er mit Seetang, Felsen oder Muscheln. Im Kampf ums
Überleben hat er die Kunst der Nachahmung perfektioniert.

Der Schan versteckt sich gut
getarnt in Felsspalten, bis
er bei Flut zur Futtersuche
herauskommt.

Manche Schleimfische
tarnen sich als giftige
Art, damit sie nicht von
Räubern gefressen werden.

Säbelzahnschleimfische
tarnen sich als friedliche
Putzerfische, um unauffällig
jagen zu können.

Getarnter Schan in einem
Felsentümpel

Ader- oder Venen-Tintenfisch

| LATEINISCHER NAME: AMPHIOCTOPUS MARGINATUS | GRÖSSE: KÖRPER 8 CM, FANGARME 15 CM |
MITTELGROSSER KOPFFÜSSER, LEBT IN TROPISCHEN GEWÄSSERN

· ·

In den Flachwassern lauert eines der geheimnisvollsten Lebewesen der Ozeane – der Ader- oder Venentintenfisch. Wie andere Tintenfischarten ist er ein wahrer Meister der Tarnung: Er kann seine Farbe, Form und Oberfläche so der Umgebung anpassen, dass er nicht mehr zu erkennen ist. Oder er greift mit den Saugnäpfen seiner langen Tentakel nach der Schale einer leeren Kokosnuss oder einer Muschel und kriecht hinein, um sich darin zu verstecken.

Tintenfische gelten als die intelligentesten der wirbellosen Tiere und besitzen eine unglaubliche Lernfähigkeit.

Sie klettern an Bord von Fischerbooten, können Gläser aufschrauben und sich auch in Labyrinthen zurechtfinden.

Der einzige harte Teil des Tintenfischs ist der Schnabel, mit dem er sich in erstaunlich kleine Öffnungen zwängt.

Ein Ader- oder Venentintenfisc
späht aus einer Muschel heraus

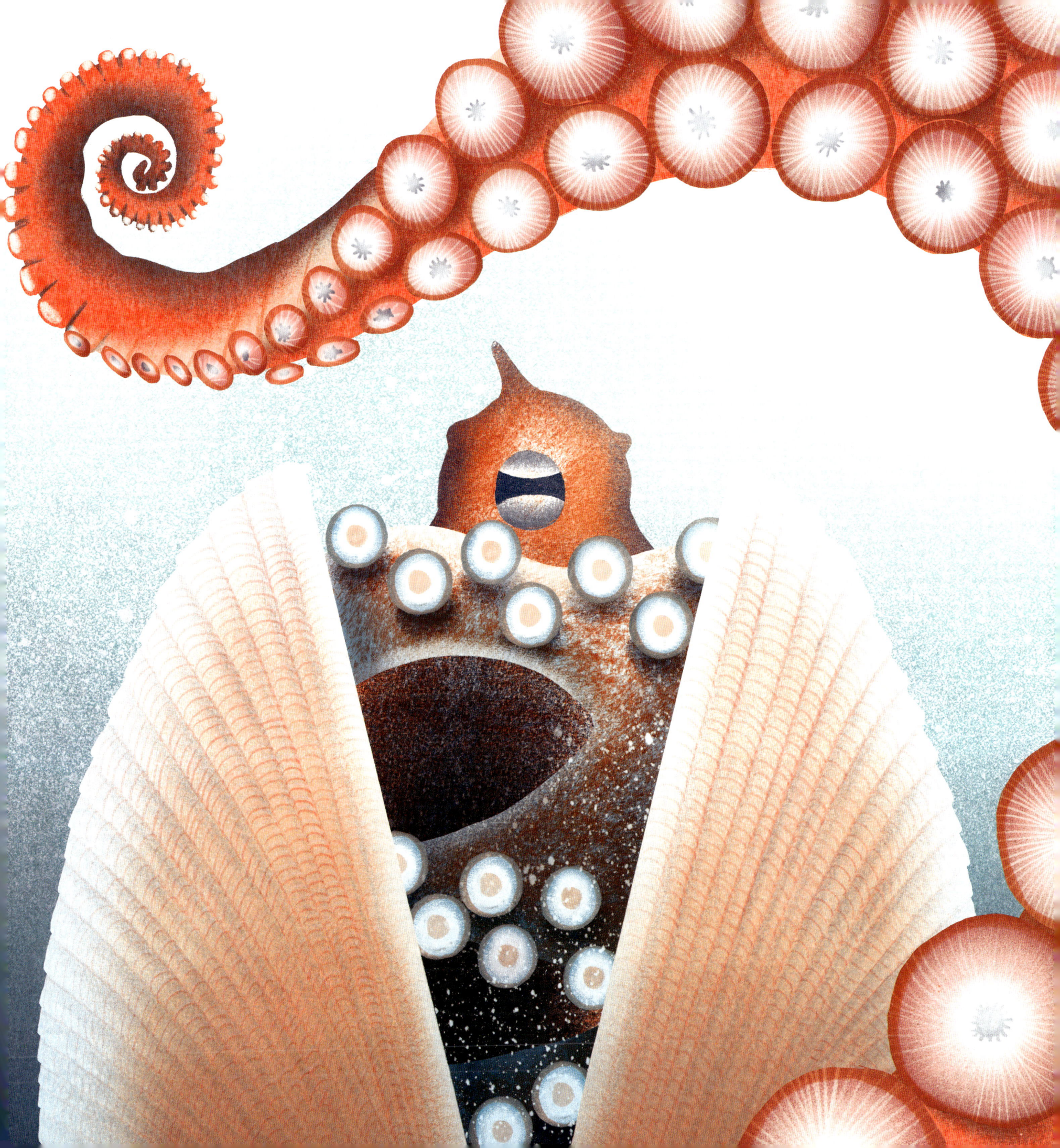

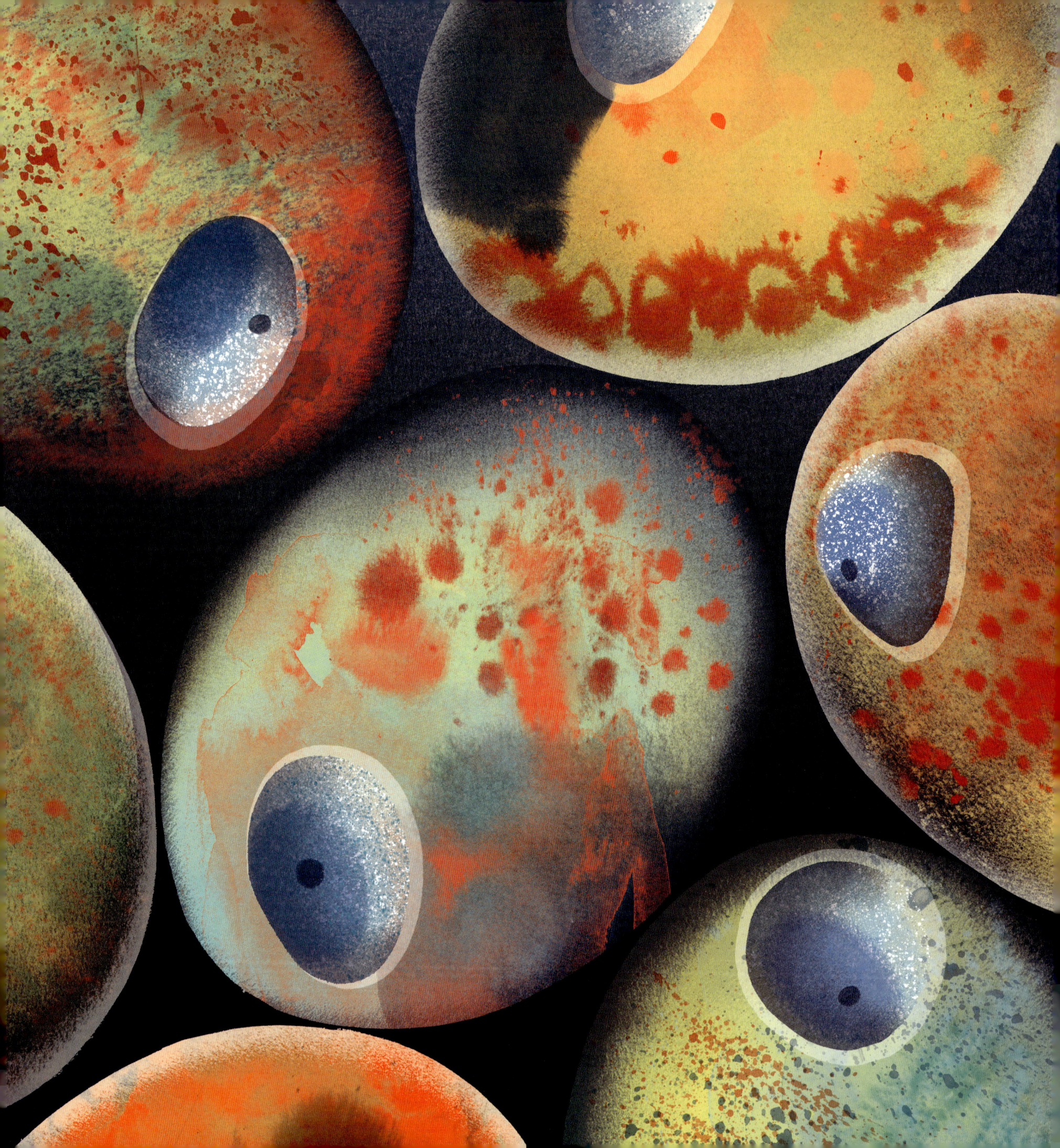

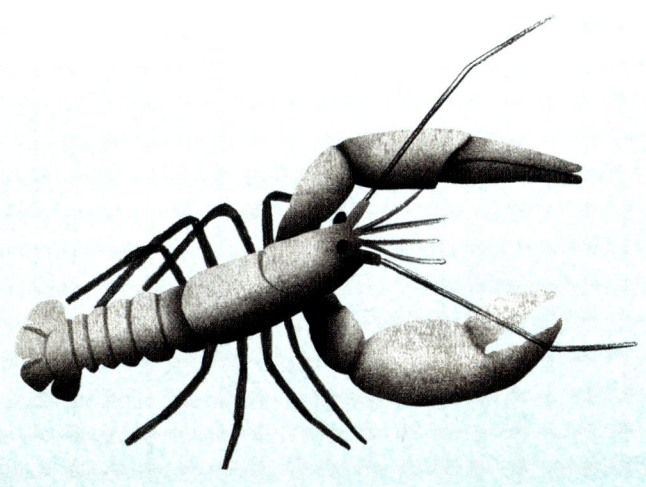

Hummereier

| LATEINISCHER NAME: HOMARUS GAMMARUS | GRÖSSE: EIER 2 MM, AUSGEWACHSENE TIERE 40 CM |
HUMMER SIND GROSSE SCHALENTIERE MIT EINEM KÖRPERPANZER UND FÜNF BEINPAAREN

....

Zu Beginn des Sommers kehrt der weibliche Hummer in die warmen Flachwasser zurück,
um einen sicheren Ort zum Brüten zu finden. Bis zu 100 000 Eier, jedes so groß wie ein
Stecknadelkopf, trägt er nach dem Ablegen auf der Bauchunterseite. Nach dem Schlüpfen
hebt das Weibchen seinen Schwanz und die Larven schweben wie kleine Schneeflocken
an die Wasseroberfläche. Dort ernähren sie sich von Plankton. Während ihres Wachstums
häuten sie sich mehrfach und ähneln immer stärker einem ausgewachsenen Hummer. Ist ihre
Metamorphose abgeschlossen, lassen sie sich auf den Meeresboden absinken.

Nur sehr wenige der
Millionen Hummereier,
die jedes Jahr ausgebrütet
werden, überleben das
Larvenstadium.

Ein Hummer häutet sich
sein Leben lang, indem
er die Schale seines
Hautpanzers in zwei
Teile bricht.

Ein gehäuteter Hummer
ist weich und verletzlich.
Daher versteckt er sich,
bis sein Panzer erneut
erhärtet.

Mikroskopisch vergrößerte Eier
es europäischen Hummers

19

Eier des Pfeilschwanzkrebses

| LATEINISCHER NAME: LIMULUS POLYPHEMUS | GRÖSSE: EIER 2 MM, AUSGEWACHSENE TIERE 40 CM |
TROTZ SEINES NAMENS IST DIESES TIER KEIN KREBS, SONDERN EIN VERWANDTER VON SPINNEN UND SKORPIONEN

Es ist später Frühling, die Flut steht hoch, der Vollmond leuchtet hell auf die sandige Küstenlinie, als eine Armee von Pfeilschwanzkrebsen den Strand hinauf krabbelt. Sie sind zum Brüten hierher gekommen. In kleinen Gelegen im Schlamm oder Sand legen die Weibchen ihre Eier ab, die anschließend von den Männchen mit Sperma bedeckt werden. Die Eier sind ein verlockender Leckerbissen für Vögel, Reptilien und Fische. Gelingt es den Krebsen zu schlüpfen, kehren sie in den Ozean zurück und buddeln sich in den Meeresboden ein. Dort häuten sie sich und wachsen, ehe sie sich in tiefere Gewässer wagen.

Jedes Weibchen legt Tausende von Eiern im Jahr. Ein Gelege kann aus bis zu 500 000 Eiern pro Quadratmeter bestehen.

Die Krabben haben neun Augen, über den ganzen Körper verteilt. Manche sind nur Lichtsensoren, können aber Bewegung wahrnehmen.

Pfeilschwanzkrebse werden oft als „lebende Fossilien" bezeichnet, weil sie bereits seit fast einer halben Milliarde Jahren existieren.

Mikroskopisch vergrößerte Eie des Pfeilschwanzkrebse

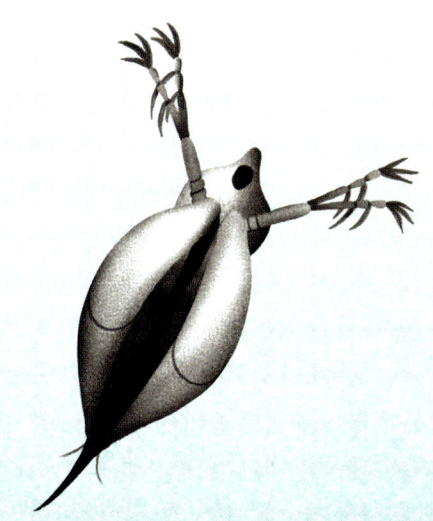

Großer Wasserfloh

| Lateinischer name: Daphnia magna | Grösse: 3 mm |
Winziges krebstier mit abgeflachten, blattähnlichen beinen

Diese Lebewesen sind zu klein, um sie mit bloßem Auge zu erkennen –
Dutzende passen auf einen Fingernagel. Aber wenn man sie unter dem
Mikroskop betrachtet, verraten sie ihr Geheimnis: Durch ihren durchsichtigen
Körper kann man ihr Herz schlagen sehen und ihren Blutkreislauf verfolgen.
Auf ihrem Rücken haben sie Brutkammern, die ihre winzigen Eier schützen.

Auch wenn sie
„Wasserfloh" heißen,
sind diese Schalentiere
eigentlich mit Krabben
verwandt.

Sie bewegen sich mithilfe
ihrer Antennen in
ruckartigen, hüpfenden
Bewegungen durchs
Wasser.

Die meisten Arten ernähren
sich von Bakterien und
winzigen Algen, nur
wenige jagen andere
Wasserflöhe.

ikroskopisch vergrößerte weibliche Daphnie,
e ihre Eier in eine Brutkammer legt

Meeresleuchttierchen

| LATEINISCHER NAME: NOCTILUCA SCINTILLANS | GRÖSSE: 0,5 MM |
EINZELLER MIT GEISSELN ZUR FORTBEWEGUNG

....

Diese einzelligen Organismen treiben zu Millionen in großen Schwärmen durch warmes Flachwasser. Sie haben eine spektakuläre Methode entwickelt, um sich gegenseitig vor Jägern zu warnen: Wenn sie aufgescheucht werden, leuchten sie in strahlend fluoreszierendem Blau oder Rot. Tagsüber laden sie sich wie Solarbatterien mit Sonnenenergie auf. Bei Nacht können sie diese Energie in Form von sogenannter Biolumineszenz wieder abgeben. Wenn Fische in der Nähe durch ihre Bewegung einen mechanischen Reiz bei den Meeresleuchttierchen auslösen, beginnt eine erstaunliche Lichtshow.

Die Einzeller leuchten so stark, dass unter der nächtlichen Wasseroberfläche die Umrisse von Fischen und Walen erkennbar werden.

In tropischen Gewässern nutzen Fischer das Leuchten als Hilfsmittel beim Fischen in der Dunkelheit.

Das Licht der Meeresleucht-tiere nennt man auch „Rote Glut". Der wissenschaftliche Name bedeutet übersetzt „funkelnde Nachtlichter".

Mikroskopisch vergrößertes
Meeresleuchttierchen

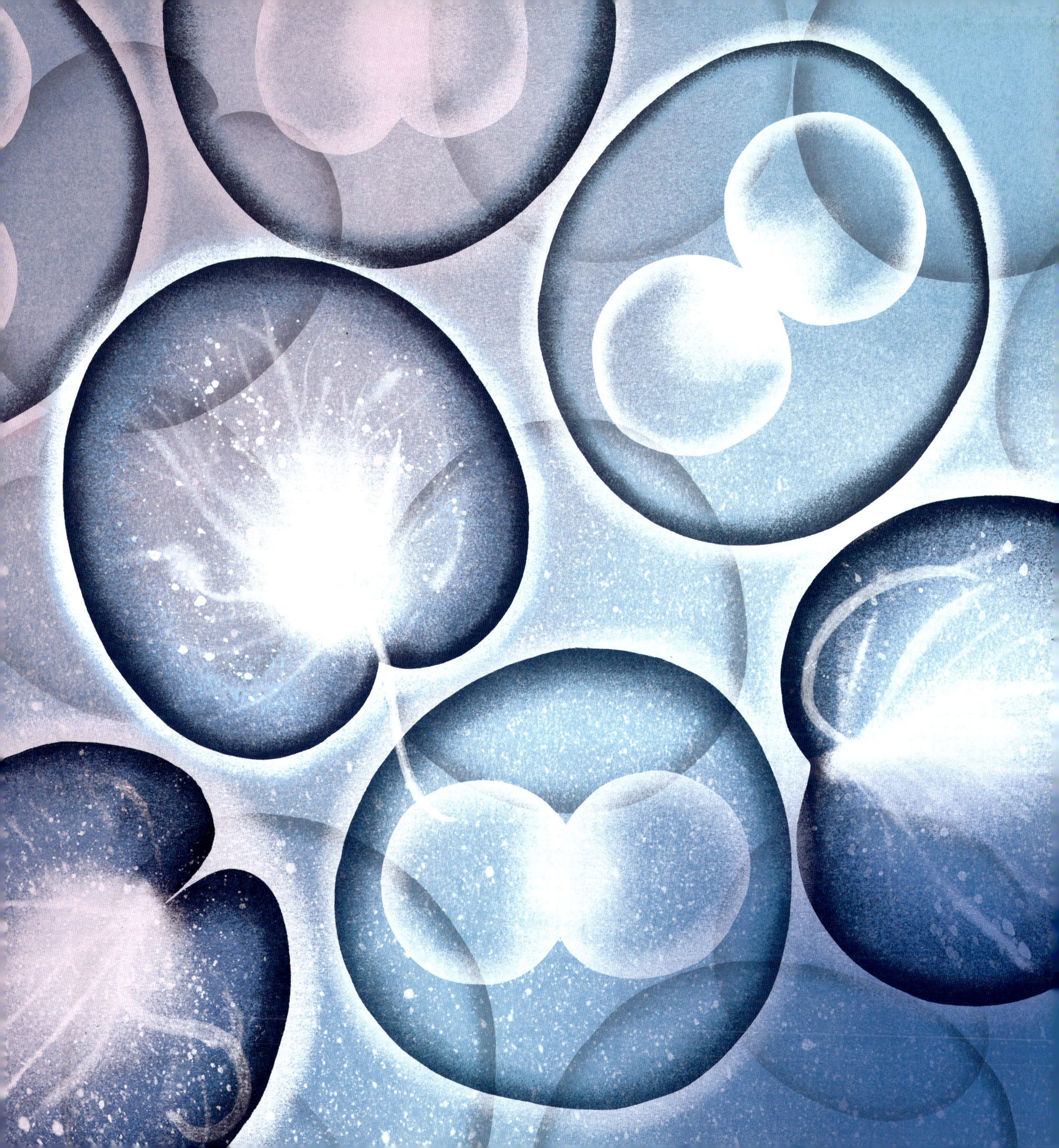

Moostierchen

| Lateinischer name: Bryozoa | grösse: 0,5–1 mm |
Winzige organismen, die in kolonien leben

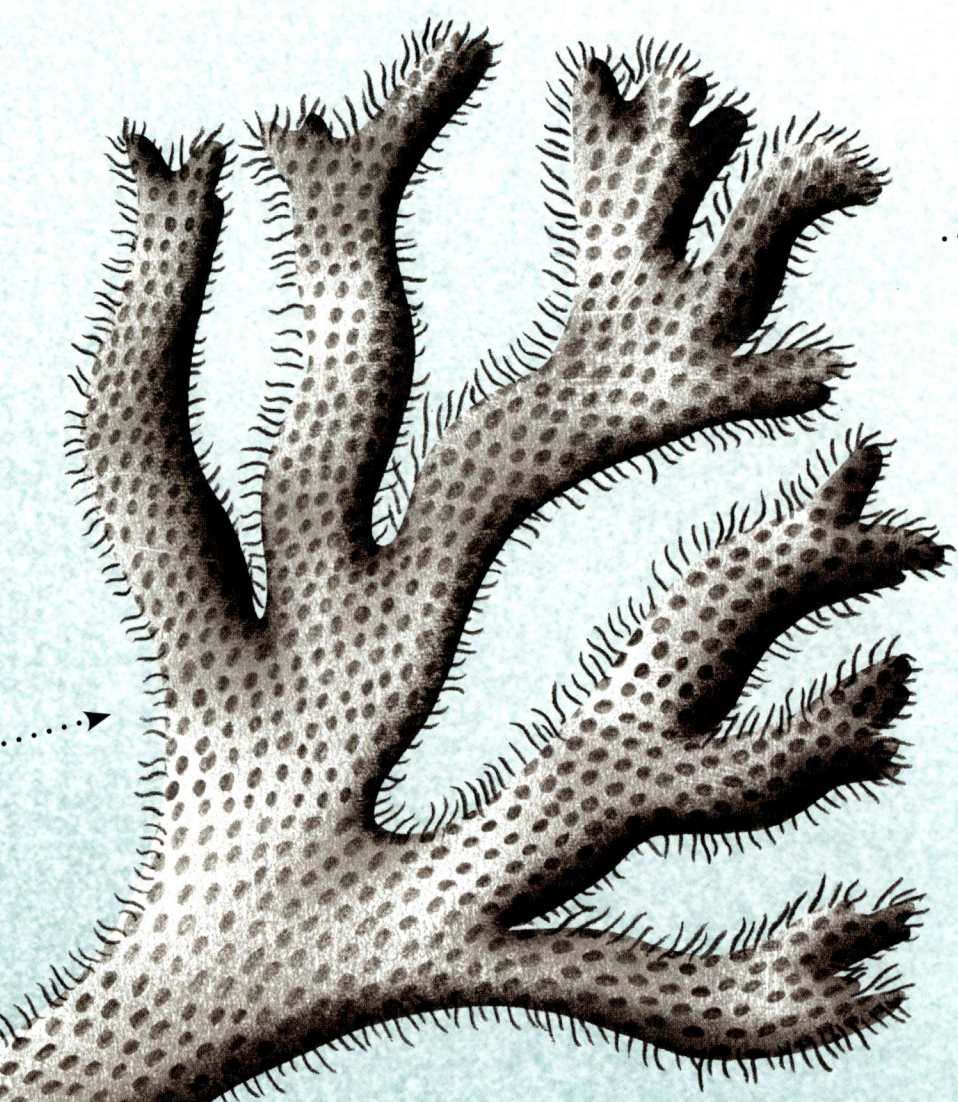

Die Einzeltierchen bezeichnet man als Zooiden. Sie sind kleiner als 1 mm und leben in ihrem eigenen harten Gehäuse, das aus Chitin besteht.

Die Larven der Moostierchen haben unterschiedliche Formen. Am häufigsten sind sie dreieckig mit einem Büschel haarähnlicher „Wimpern" auf ihrer Oberfläche. Die Larven schwimmen durch das Wasser, bis sie sich auf einem Wedel Seetang niederlassen.

Hat sie sich am Seetang festgemacht, verbindet sich
die Larve fest mit der Oberfläche der Pflanze und
verwandelt sich in ihre ausgewachsene Form. Aus diesem
einzelnen Zooiden entwickelt sich eine neue Kolonie.

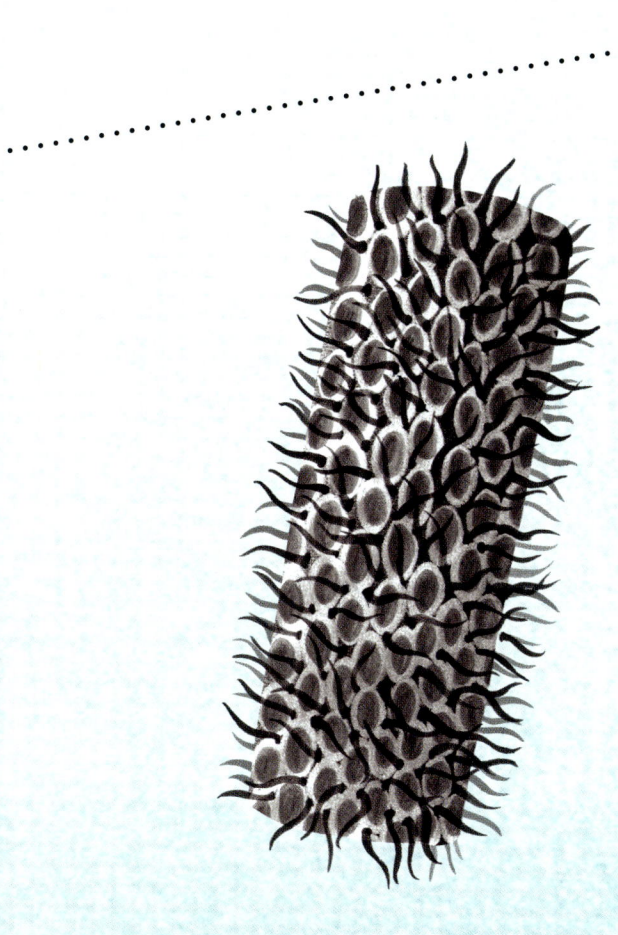

Mit ihrer ringförmigen
Krone aus Tentakeln,
dem „Lophophor", fischen
die Moostierchen
winzige Nahrungspartikel
aus dem Wasser.

it steigendem Vergrößerungsfaktor:
nks: Vergrößerung einer Moostierchen-Kolonie auf einem Seetangwedel
itte: Nahaufnahme einer Moostierchen-Kolonie auf einem Seetangwedel
echts: Einzelnes Moostierchen, mikroskopisch vergrößert

Gemeiner Seestern

| LATEINISCHER NAME: ASTERIAS RUBENS | GRÖSSE: 20 CM |
KEIN FISCH, SONDERN DER GRUPPE DER „ECHINODERMATA" ODER STACHELHÄUTER ZUGEHÖRIG

....

Die sonnendurchfluteten Flachwasser sind die erste Heimat vieler neugeborener Meerestiere. Manche von ihnen, wie der gemeine Seestern, ähneln erstaunlich wenig ihrer ausgewachsenen Form. Beim Seestern beginnt der Laichprozess, wenn die erwachsenen Tiere alle gleichzeitig Millionen von Eiern und Milliarden von Spermien ins Wasser absondern. Nach der Befruchtung entwickeln sich hohle Kugeln mit winzigen haarigen Strukturen, die durch das Meer treiben.

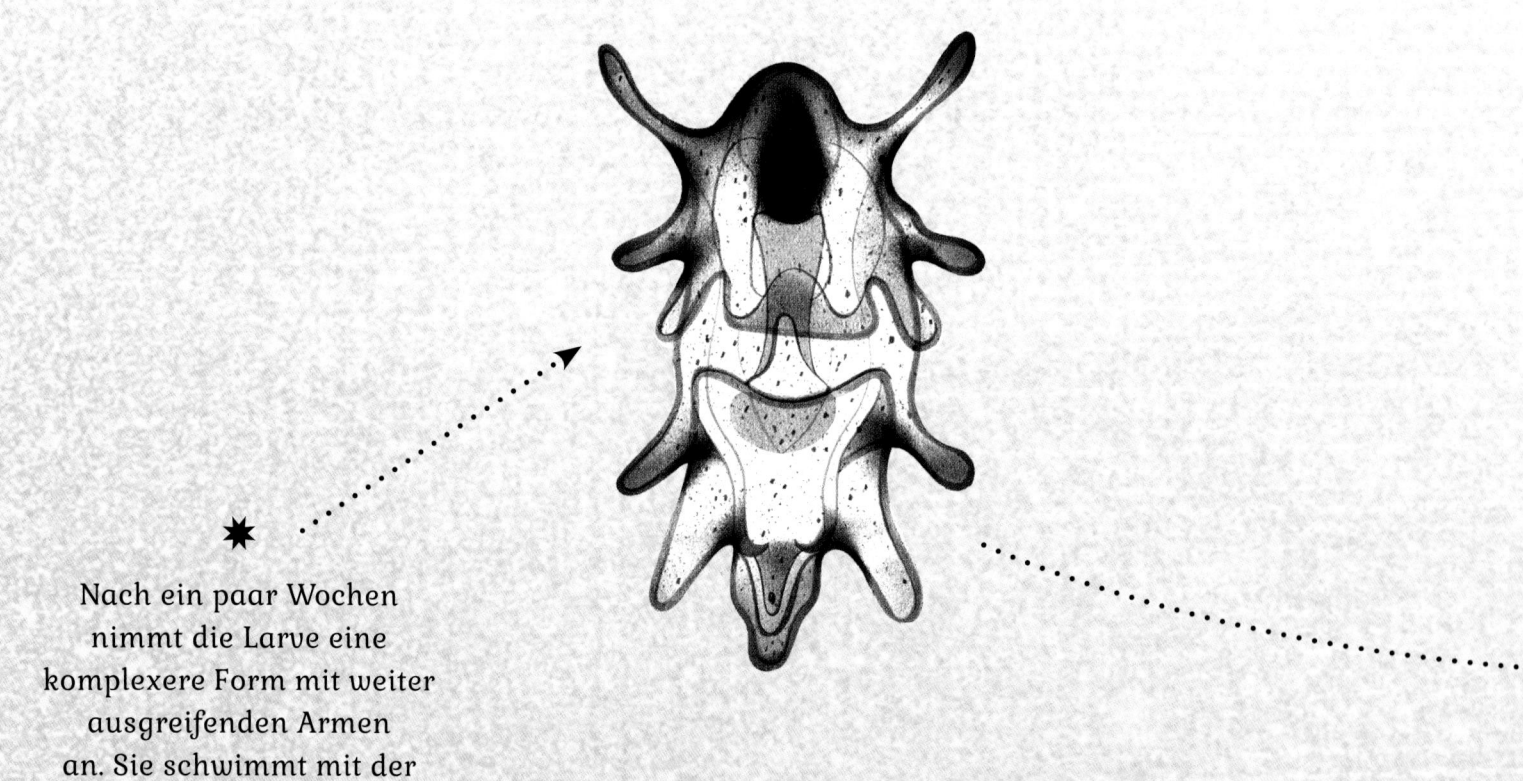

Nach ein paar Wochen nimmt die Larve eine komplexere Form mit weiter ausgreifenden Armen an. Sie schwimmt mit der Strömung und ernährt sich von Mikroorganismen.

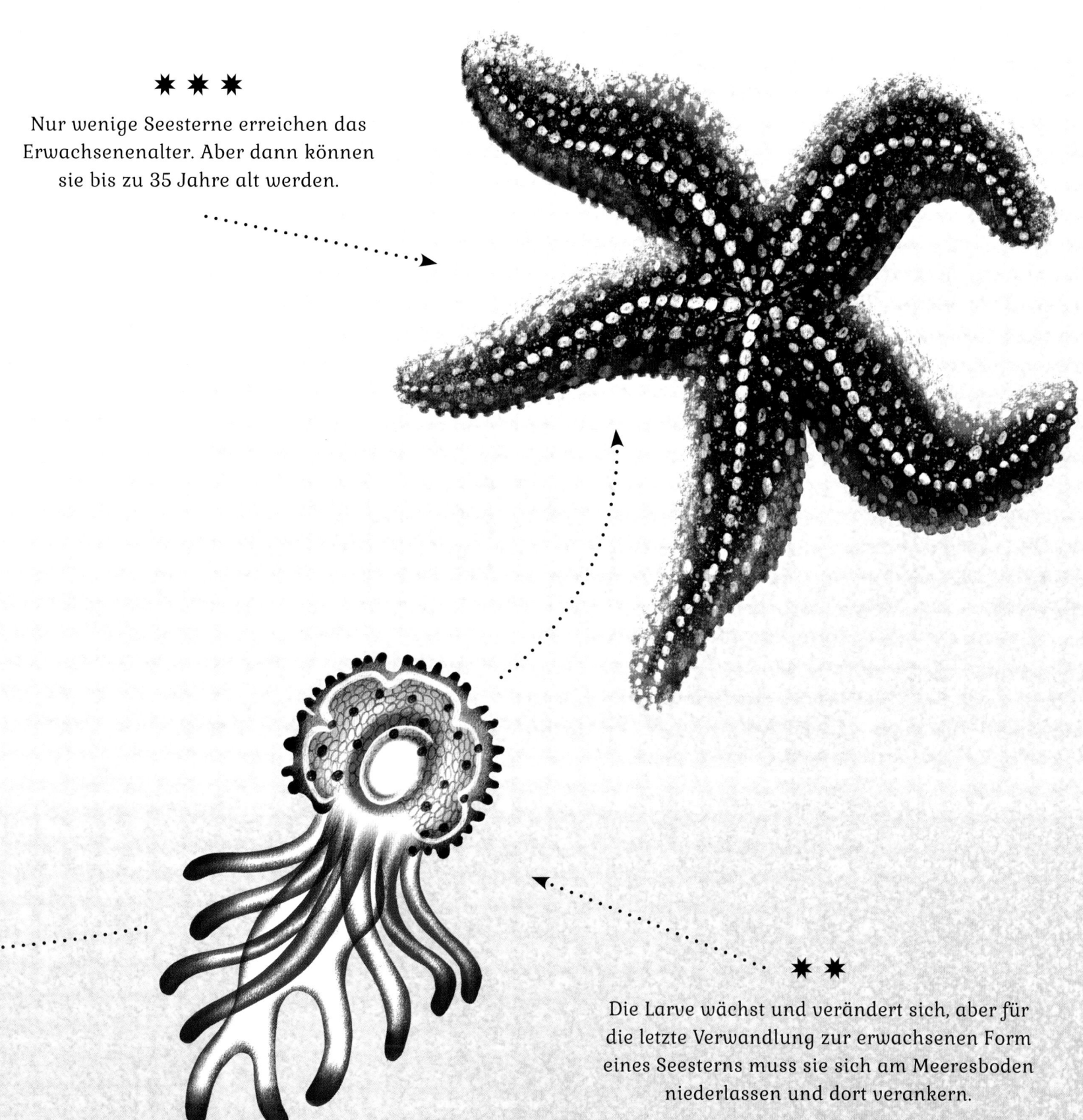

✹ ✹ ✹

Nur wenige Seesterne erreichen das Erwachsenenalter. Aber dann können sie bis zu 35 Jahre alt werden.

✹ ✹

Die Larve wächst und verändert sich, aber für die letzte Verwandlung zur erwachsenen Form eines Seesterns muss sie sich am Meeresboden niederlassen und dort verankern.

Links und oben: Die unterschiedlichen Wachstumsstadien einer Seesternlarve unter dem Mikroskop

Die Wälder der Meere

Entlang der Küsten blühen üppige Wälder aus Seetang in der Sommersonne. Die riesigen Türme aus Seegras – manche so groß wie ein dreistöckiges Hochhaus – können am Tag bis zu 60 Zentimeter wachsen, und sie beherbergen die unterschiedlichsten Bewohner: Seelöwen und Seeotter wälzen sich über den Sand, orangefarbene Garibaldifische suchen Schutz unter ihrem Baldachin und Tausende von Schlangensternen und blumenähnlichen Seeanemonen bilden einen Teppich am Waldboden. Unterdessen grasen Seeschnecken an den Algenblättern und Purpurseeigel fressen die verschlungenen Wurzeln.

Riesentang

| LATEINISCHER NAME: MACROCYSTIS PYRIFERA | GRÖSSE: 60 M |
DIE GRÖSSTE SEETANG-ART, EINE KOMPLEXE FORM DER BRAUNALGE

Riesentang wächst in dichten Wäldern, die zu den produktivsten und dynamischsten Ökosystemen der Erde gehören. Jeden Tag spielt sich unter den emporwachsenden Türmen für Hunderte von Meeresbewohnern das Drama von Leben und Tod ab. Die Wälder sind Kinderstube für den Nachwuchs, Schutz vor Stürmen oder lebenswichtige Nahrungsquelle. Der Tang besteht aus dicken Stielen oder Stängeln, die biegsam genug sind, um sich mit der starken Strömung des Ozeans zu bewegen. Alle Nährstoffe ziehen die Algen direkt aus dem Wasser.

Seetang ist keine Pflanze, da er keine Wurzeln hat, sondern mit einem weit verästelten Haftorgan am Meeresboden verankert ist.

Ein Haftorgan kann allein Hunderte von Tierspezies beherbergen, darunter Schlangensterne, Tangkrabben und Babytintenfische.

Am Fuß jedes blättrigen Farnwedels sitzt eine gasgefüllte Kugel – eine ballonartige Schwimmblase –, die den Seetang aufrecht hält.

Nahaufnahme einer Schwimmblase

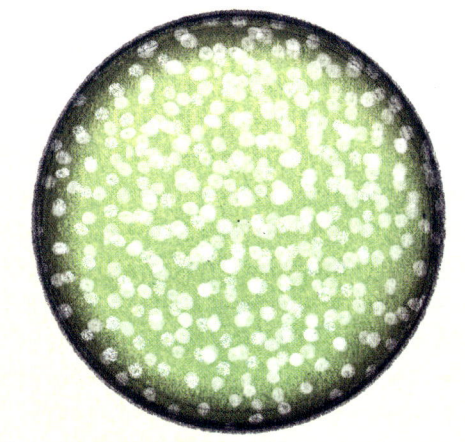

Blaualgen

| Lateinischer name: Cyanobacteria | Grösse: 0,5–50 mikrometer
(so klein, dass 1000 auf einen stecknadelkopf passen) |
Primitives, photosynthese betreibendes bakterium

· ·

Vor etwa zwei Milliarden Jahren entwickelte sich auf der Erde eine neue Lebensform
– Cyanobakterien. Diese primitiven Bakterien, die man auch Blaualgen nennt,
entwickelten erstmals die Fähigkeit, Sonnenenergie aufzunehmen und Sauerstoff in
die Atmosphäre abzugeben. Dieser Vorgang – die Photosynthese – veränderte die
Erde und brachte neue, Sauerstoff atmende Lebewesen hervor. Die Nachkommen der
Blaualgen leben noch heute in Tümpeln, Seen und Ozeanen.

| Sind Cyanobakterien dem Sonnenlicht ausgesetzt, produzieren sie Sauerstoff, wie schon vor Milliarden von Jahren. | Zusammen mit den Algen spielen sie eine wichtige Rolle im Nahrungsnetz der Ozeane, und sie liefern einen Großteil unserer Atemluft. | Wie alle Bakterien sind sie mikroskopisch klein. Aber sie wachsen in Kolonien und sind daher oft mit bloßem Auge erkennbar. |

Mikroskopisch vergrößerte Blaualgen

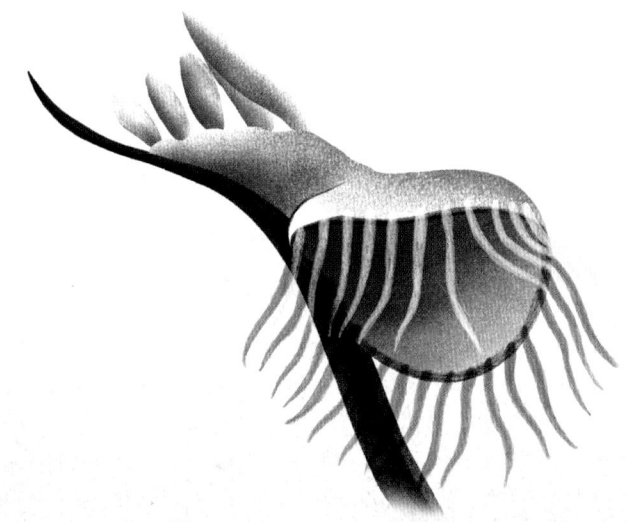

Löwenkopfschnecke

| LATEINISCHER NAME: MELIBE LEONINA | GRÖSSE: BIS ZU 10 CM LANG, 3 CM BREIT |
RÄUBERISCHE MEERESNACKTSCHNECKE

Dieses außerirdisch aussehende Lebewesen findet man unbeweglich auf den Stielen des Seetangs sitzend oder von Farnwedel zu Farnwedel schwimmend. Dort frisst es, pflanzt sich fort und legt seine Eier ab. Mit ihrem durchsichtigen Körper, der gelb, grün oder braun getupft ist, verschmilzt die Löwenkopfschnecke unsichtbar mit dem Seetang. Sie klammert sich an der Alge fest und jagt von dort aus ihre Beute. Dazu stülpt sie ihre große, mit empfindlichen, fransenartigen Tentakeln besetzte Mundhaube aus. Wenn die Kapuze zuschnappt und die Beute gefangen ist, stopft sie ihre Haube ins Maul zurück.

Die ohrähnlichen Gebilde am Kopf nennt man „Rhinophoren". Mit diesem Sinnesorgan nimmt die Schnecke chemische Signale wahr und „riecht" ihre Umgebung .

Die paddelähnlichen flachen Platten auf ihrem Rücken sind die Kiemen. Diese können bei Gefahr abgestoßen werden und wachsen dann wieder nach.

Die Eier werden in langen, breiten, gelben oder cremefarbenen Schleifen abgelegt und haften an Tang und Seegras.

Kiemen

MEHRZWECK-ORGAN, MIT DEM FISCHE SAUERSTOFF AUS DEM WASSER AUFNEHMEN

Wenn man Kiemen vergrößert, ähneln sie den Zweigen einer wunderschönen Meerespflanze. Diese außergewöhnlichen Organe haben eine lebenswichtige Funktion: Dank ihnen können Fische atmen. Kiemen funktionieren ähnlich wie die Lunge des Menschen: Sie nehmen Sauerstoff auf und geben Kohlendioxid ab. Die Zellen sind in einer Zweigstruktur angeordnet, die sich in immer kleinere Äste teilt. Dadurch entsteht eine ausgedehnte Oberfläche, über die Fische Sauerstoff aus dem Wasser aufnehmen.

Wenn ein Fisch schwimmt, saugt er sauerstoffhaltiges Wasser in seinen Mund und schickt es durch die blutreichen Kiemen.	Der Sauerstoff wird in den Blutkreislauf aufgenommen, und das Herz des Fisches pumpt das Blut durch seinen Körper.	Gleichzeitig wird das überflüssige Kohlendioxid durch das Blut zurück in die Kiemen und ins Wasser abtransportiert.

ikroskopisch vergrößerte Kiemen

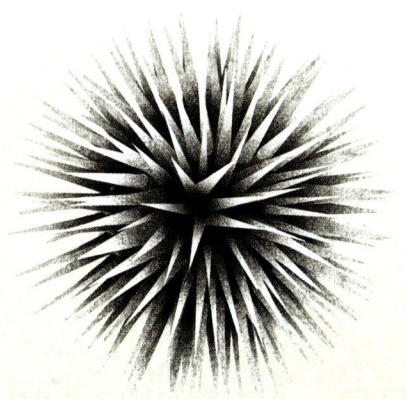

Purpurseeigel

| LATEINISCHER NAME: STRONGYLOCENTROTUS PURPURATUS | GRÖSSE: 5 CM DURCHMESSER |
KLEINES, STACHELIGES TIER MIT EINEM MUND AN DER UNTERSEITE SEINES KÖRPERS

Dieses kleine, stachelige Lebewesen, das sich auf Röhrenbeinchen langsam über den Meeresboden bewegt, ist ein vertrauter Anblick für die Bewohner der Tangwälder. Trotz ihrer beeindruckenden Rüstung sind die Seeigel eine beliebte Nahrung für Seeotter, Fische, Krabben und Seevögel. Diese Jäger regulieren die Anzahl der Tiere, denn eine zu große Population hungriger Seeigel kann einen Tangwald zerstören und ihn mit der Zeit in eine kahle Unterwasserwüste verwandeln.

Die runde Schale des Seeigels bezeichnet man als Skelett. Es ist mit Zellen, Röhrenfüßchen und Stacheln bedeckt.

Die Stacheln sind scharf wie Rasiermesser und sitzen auf kleinen Gelenkhöckern. Abgebrochene Stacheln können nachwachsen.

Die meisten Seeigel haben fünf scharfe Zähne, mit denen sie die Algen am Stielende der Haftorgane des Seetangs fressen.

Nahaufnahme eines Purpurseeige

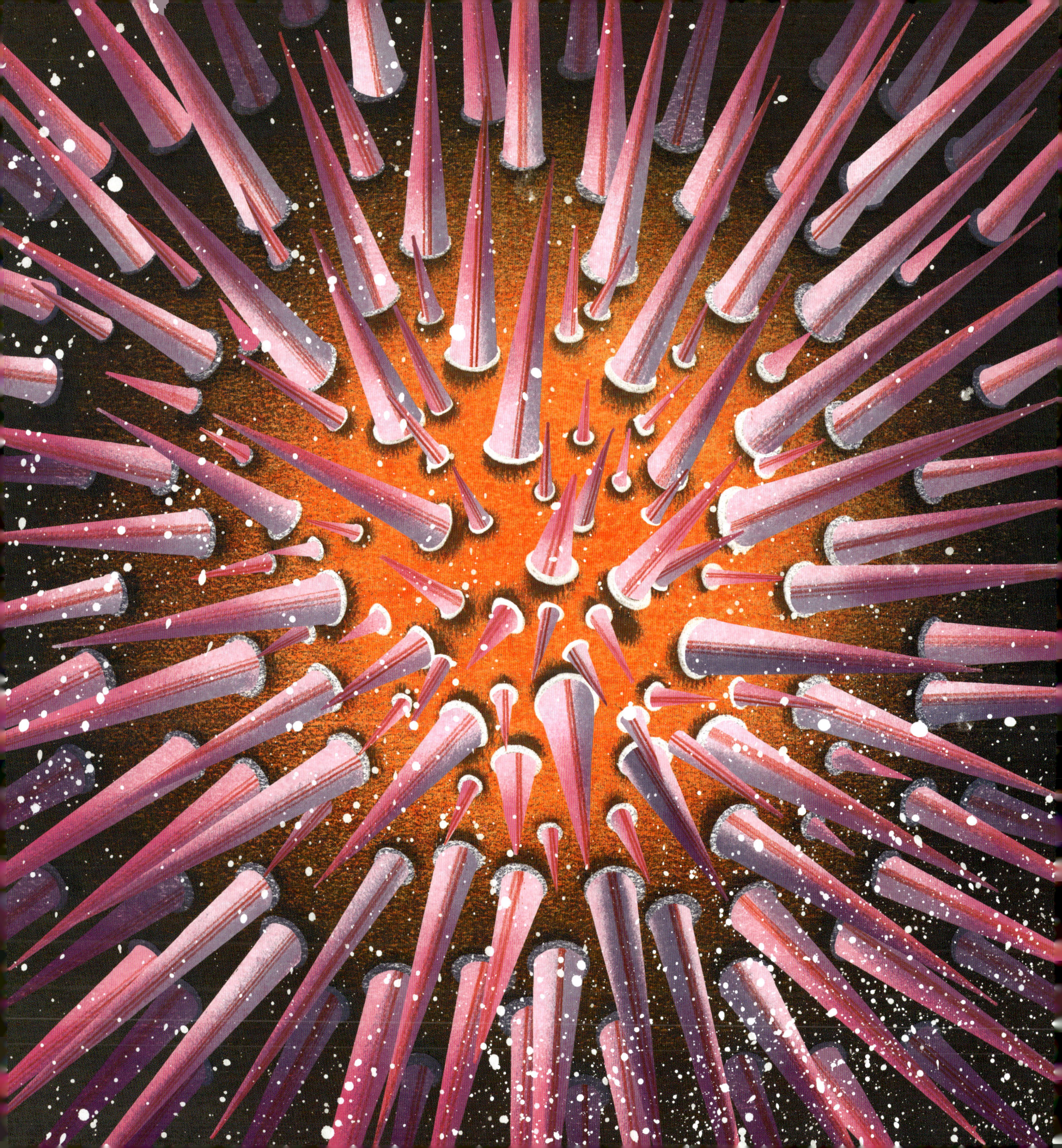

Kieselalgen

| LATEINISCHER NAME: BACILLARIOPHYTA | GRÖSSE: 2–500 MIKROMETER |
MIKROSKOPISCH KLEINE EINZELLIGE ALGE, DIE DIREKT UNTER DER WASSEROBERFLÄCHE LEBT

Leuchtend grün, bernsteinfarben oder golden glitzern diese winzigen Schätze. Kieselalgen sind mikroskopisch kleine Organismen, die zu den wichtigsten in der Welt der Ozeane gehören. Wenn sie Sonnenlicht in Nahrung umwandeln, setzen sie Sauerstoff frei und produzieren so etwa ein Viertel der Luft, die wir atmen. Zudem sind sie eine der Hauptnahrungsquellen für viele Mikroorganismen und andere grasende Tiere wie Garnelen, Muscheln, Quallen und Wale.

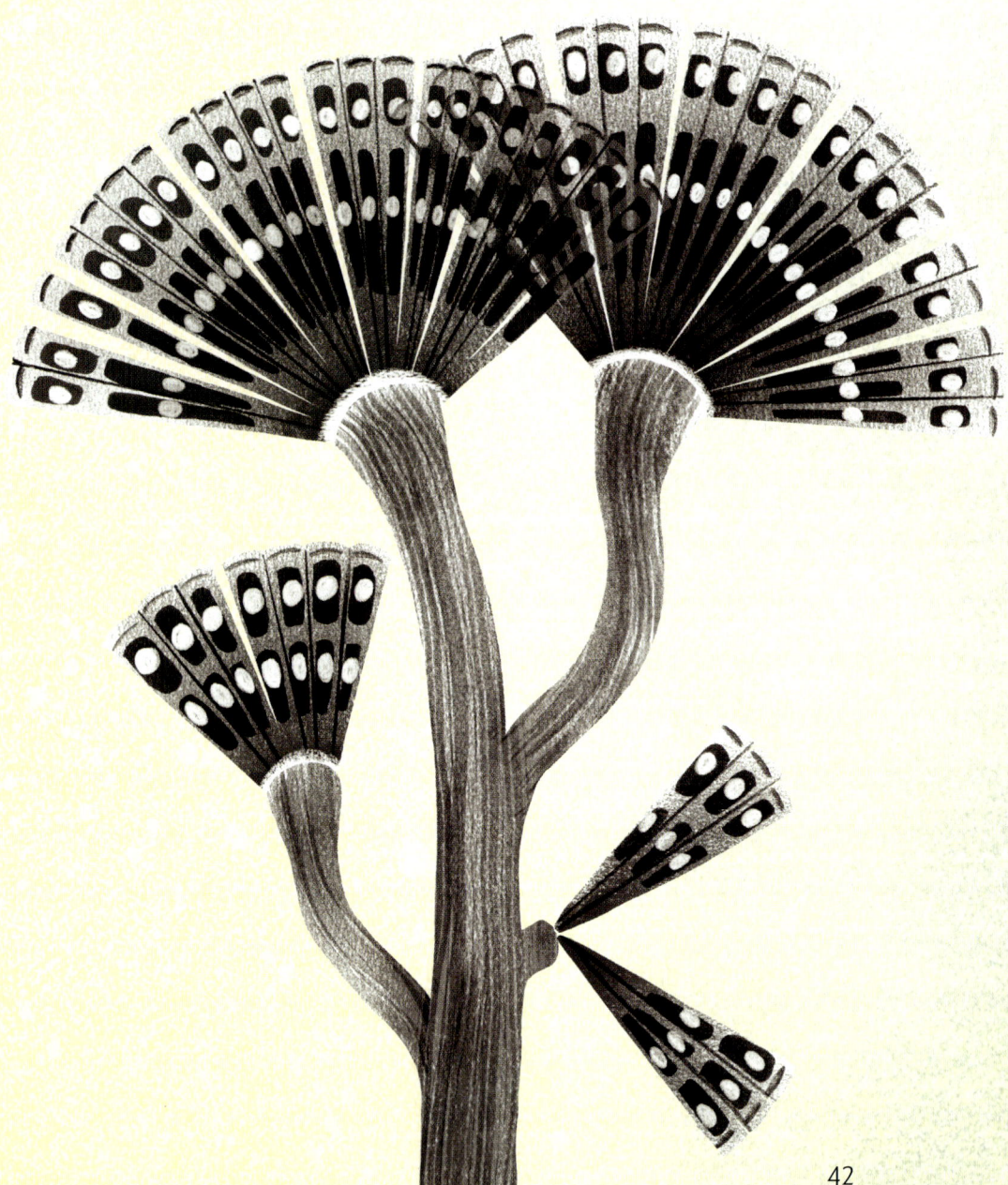

Jeden Tag steigen Millionen tierischer Mikroorganismen – das Zooplankton – aus den Tiefen des Wassers auf, um sich von dieser wertvollen Alge zu ernähren.

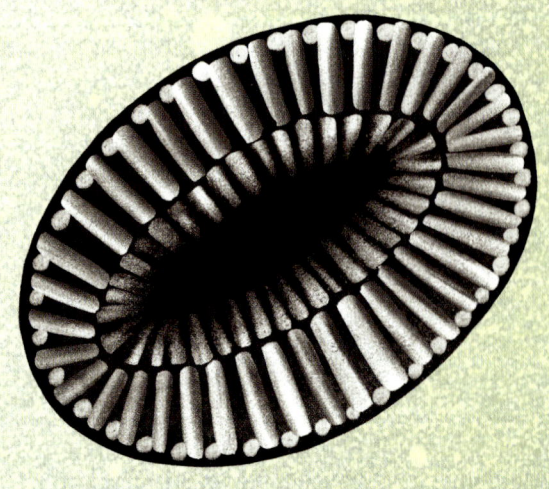

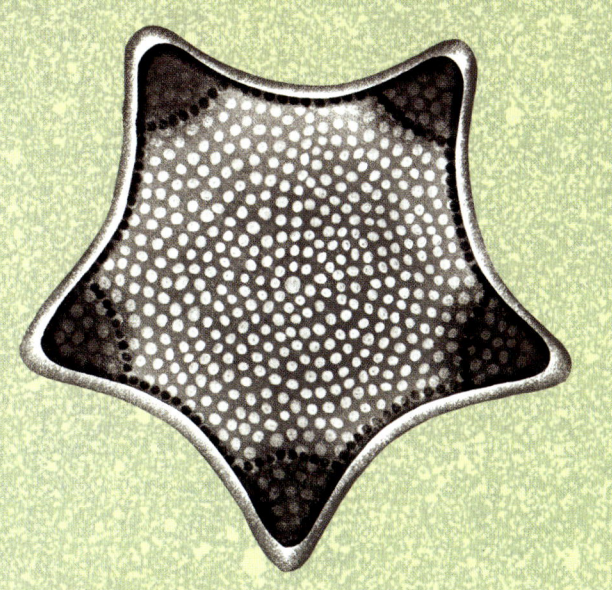

Sie sind so winzig, dass Hunderte von ihnen auf einen Stecknadelkopf passen. Aber wenn sie sich zu riesigen Blütenteppichen verbinden, kann man sie sogar aus dem Weltall sehen.

Kieselalgen sind von einer Zellhülle oder „Frustel" umgeben, die überwiegend aus Siliziumdioxid besteht. Jede Hülle hat ein individuelles komplexes Muster.

Kieselalgen leben einzeln oder in Gruppen. Sie bilden Zickzack-Treppen, Ketten oder Spiralen.

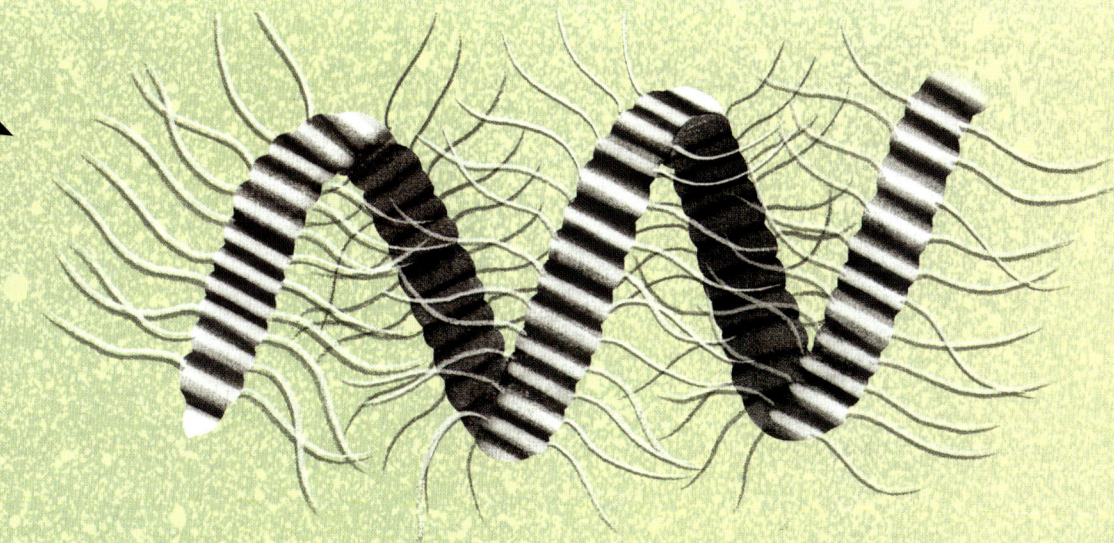

Korallenriffe

In den klaren, sonnenhellen Gewässern der
tropischen und subtropischen Meere findet man
einen der größten Schätze der Natur – Korallenriffe. Diese Unterwasserstädte ziehen eine
unglaubliche Vielfalt von Meerestieren an. Sie
sind Heimat für nahezu ein Viertel aller marinen
Lebewesen der Erde. Ihre Bewohner leuchten
in fast allen Farbschattierungen und spielen je
eine spezielle Rolle im Zusammenleben des
Ökosystems. Errichtet wurden die Korallenriffe
über Jahrhunderte hinweg, Zentimeter
für Zentimeter, von winzigen, in Kolonien
lebenden Tieren, die Polypen heißen.

Korallenpolyp

| GRÖSSE: 6 MM–30 CM |
WIRBELLOSES WEICHTIER MIT TENTAKELMUND

Obwohl sie wie kunstvolle exotische Gärten aussehen, sind Korallenriffe in Wirklichkeit durch die Arbeit winziger Tiere entstanden, die man Polypen nennt. Die Riffe bilden sich, wenn sich eine im Wasser treibende Korallenlarve an einem Felsen am Meeresboden verankert. Dieser Polyp reproduziert sich selbst, bis riesige Kolonien aus Tausenden einzelner Tiere entstehen. Tagsüber ziehen sich die Polypen in ihre Skelette zurück und nehmen Sonnenstrahlen auf. Nachts öffnen sie sich wie Blumen und fahren ihre klebrigen Tentakel aus, um schwebendes Plankton zu fangen.

Polypen sitzen in einem Skelettkelch aus Kalkstein, der sie schützt und die Struktur des Korallenriffs bildet.	Die Korallenkolonien wachsen über Jahrhunderte und vereinen sich mit anderen Kolonien zu Korallenriffen.	Manche der Riffe sind so gigantisch, dass man sie sogar aus dem Weltall sehen kann.

Nahaufnahme eines Korallenpolypen

Korallenlaich

| LATEINISCHER NAME: GALAXEA FASCICULARIS | GRÖSSE: DURCHMESSER POLYPEN 9 MM |
LAICH BESTEHT AUS EIERN UND SPERMA, DIE VON TIEREN IM WASSER ABGELEGT WERDEN

....

Nach Sonnenuntergang im Licht des Mondes bietet das Korallenriff ein außergewöhnliches
Naturschauspiel: das massenhafte Ablaichen der Korallen. Trillionen von Eiern und
Sperma – von den unterschiedlichsten Kolonien und Korallenarten – werden gleichzeitig
ins Wasser abgegeben und verbinden sich zu treibenden Larventeppichen. Diejenigen,
die überleben, schweben tagelang durch die Ozeane, ehe sie auf den Meeresboden
niedersinken, wo sie sich klonen und zu neuen Kolonien wachsen.

Es ist noch immer ein Geheimnis, wie alle Tiere gemeinsam den Zeitpunkt zum Laichen abpassen. Man vermutet, dass Wassertemperatur und Mondphase eine Rolle spielen.

Die meisten Korallen sind Hermaphroditen, d. h. Zwitter, die beim Ablaichen in kleinen Bündeln sowohl Eier als auch Sperma abgeben.

Diese Bündel steigen an die Oberfläche und brechen auf. Eine solch riesige Menge an Eiern und Sperma vergrößert die Chancen auf Befruchtung.

Nahaufnahme ein
Galaxie von Korallenlaic

48

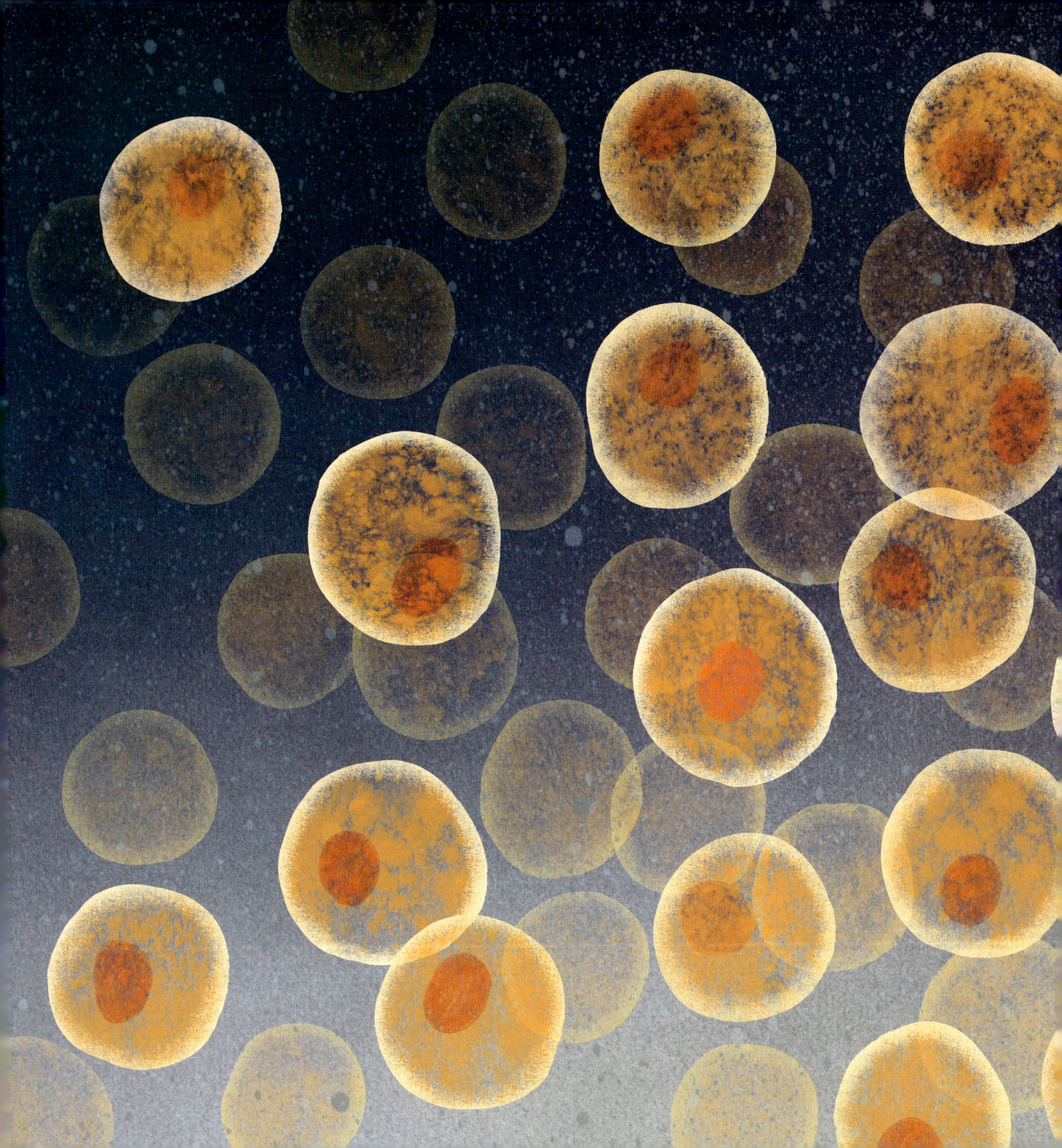

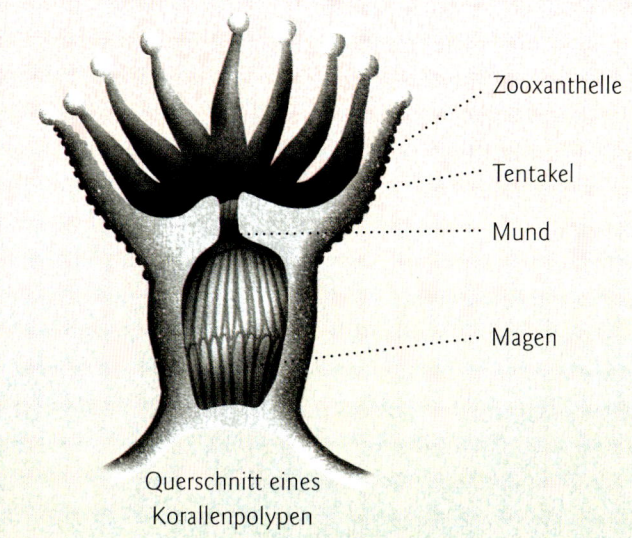

Zooxanthelle

Tentakel

Mund

Magen

Querschnitt eines
Korallenpolypen

Zooxanthelle

| GRÖSSE: 5 MIKROMETER |

MIKROSKOPISCH KLEINE EINZELLIGE ALGE, DIE IM GEWEBE DES KORALLENPOLYPEN LEBT

Das Korallenriff kann nur existieren, weil es eine spezielle Beziehung zwischen den Korallen und ihren Zooxanthellen gibt. Diese mikroskopisch kleinen Wunder sind teils Tier, teils Pflanze. Sie leben tief im Inneren des Polypen und wandeln durch Photosynthese Sonnenlicht in Energie und Nahrung um. Im Gegenzug versorgt die Koralle die Zooxanthellen mit Nährstoffen und bietet ihnen einen sicheren Ort zum Leben. Gemeinsam verwandeln sie karge Ozeane in üppige Gärten.

Korallenpolypen sind eigentlich durchsichtige Tiere. Viele Korallenriffe verdanken ihr faszinierendes Farbenspiel den farbigen Zooxanthellen.

Wenn Zooxanthellen durch Umweltbedingungen wie warme Temperaturen gestresst sind, sterben sie oder verlassen ihr Wirtstier.

Mit den Zooxanthellen verlieren die Korallen ihre Hauptnahrungsquelle und können schließlich selbst sterben.

Mikroskopisch vergrößerte Zooxanthellen

Zwergseepferdchen

| LATEINISCHER NAME: HIPPOCAMPUS BARGIBANTI | GRÖSSE: 2 CM |
SEEPFERDCHEN SIND KLEINE FISCHE MIT GREIFSCHWÄNZEN

Am Rand des Riffs hat sich die bis zu zwei Meter große Riesenfächerkoralle angesiedelt und streckt ihre baumähnlichen Zweige der Sonne entgegen. Sieht man genauer hin, entdeckt man eines der kleinsten Wirbeltiere der Welt – das Zwerg- oder Pygmäenseepferdchen. Da es zu fragil ist, um alleine zu überleben, klammert es sich mit seinem Schwanz fest an die Koralle. Jeden Morgen führen die balzenden Seepferdchen einen eleganten Paartanz auf und wiegen sich synchron in der Strömung.

Das ausgewachsene Zwergseepferdchen lebt nahezu sein ganzes Leben verborgen in der Sicherheit der Fächerkoralle.

Die warzenartigen kleinen Höcker auf seiner Haut ähneln in Farbe und Form den Polypen seines Wirts — eine perfekte Tarnung.

Wie bei allen Seepferdchen werden die Männchen trächtig. Sie tragen die Eier in einer Bruttasche am Bauch aus.

Zwergseepferdchen eine Riesenfächerkoral

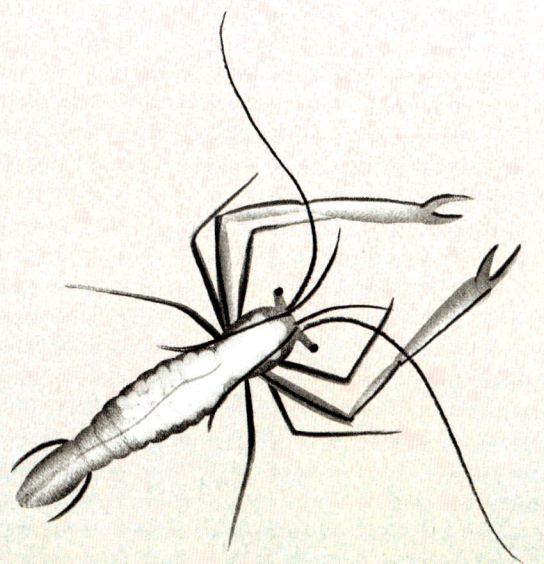

Blasenkorallengarnele

| LATEINISCHER NAME: VIR PHILIPPINENSIS | GRÖSSE: 2 CM |
KREBSTIERCHEN MIT ANTENNEN, LANGEM, SCHMALEN SCHWANZ UND DÜNNEN BEINEN

Blasenkorallen sind etwa so groß wie Weintrauben und leicht an ihren mit Wasser gefüllten Blasen erkennbar. In der Nacht ziehen sie diese ein und machen so Platz für ihre Tentakel, die sie für die Jagd nach Nahrung ausfahren. Viel schwieriger ist es, die Blasenkorallengarnele zu entdecken – einen der scheuesten Bewohner des Riffs, der sich in den Falten der Koralle versteckt. Sie hat einen winzigen, durchsichtigen Körper und zierliche Beine und ist für das bloße Auge fast unsichtbar.

Garnelen können sich sehr gut anpassen. Von den tropischen Ozeanen bis zu den Polarmeeren existieren über 2 000 Arten.

Pistolenkrebse sind Garnelen, die auch Knallkrebse genannt werden: Sie schlagen ihre Scheren aneinander und erschrecken Beute mit dem lauten Geräusch.

Die Gebänderte Scherengarnele säubert die Schuppen von Korallenfischen, indem der Fisch rückwärts durch die Scheren der Garnele schwimmt.

ine Blasenkorallengarnele versteckt ich in einer Blasenkoralle.

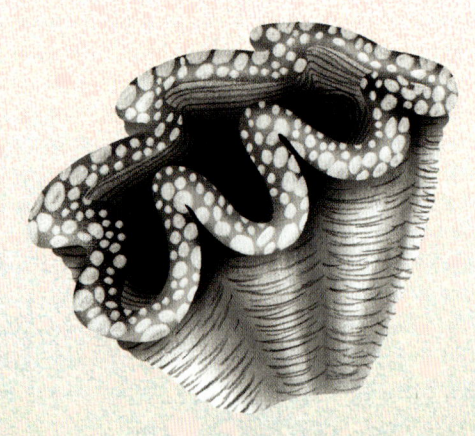

Riesenmuschel

| Lateinischer name: Tridacna gigas | Grösse: 1,2 m |
Riesiges weichtier, das am meeresboden lebt

Es gibt unzählige alte Geschichten über riesige, menschenfressende Muscheln, die Taucher in ihrer Schale einschließen und sie in einem Stück verschlingen. In Wahrheit ist die Riesenmuschel eines der sanftesten Lebewesen der Meere. Ihre Größe erreicht sie durch den Verzehr von Zucker und Proteinen, die von den Milliarden von Algen produziert werden, die in ihrem Gewebe leben. Ihre weichen Mantellippen, die sich unter der unscheinbaren äußeren Schale befinden, haben prächtige Muster in intensiven Blau-, Grün-, Gelb-, Pink- und Brauntönen.

Jede Muschel hat eine einzigartige Farbe und ein individuelles Muster. Keine gleicht exakt einer anderen.

Aus der Nähe sieht man Hunderte kleiner dunkler Flecken auf den Mantellippen aufgereiht – die Augen der Muschel.

Ihre harte Schale bietet eine sichere Zuflucht für Rankenfüßer und Schwämme und dient Fischen als Kinderstube.

Nahaufnahme der Mantellippe einer Riesenmusche

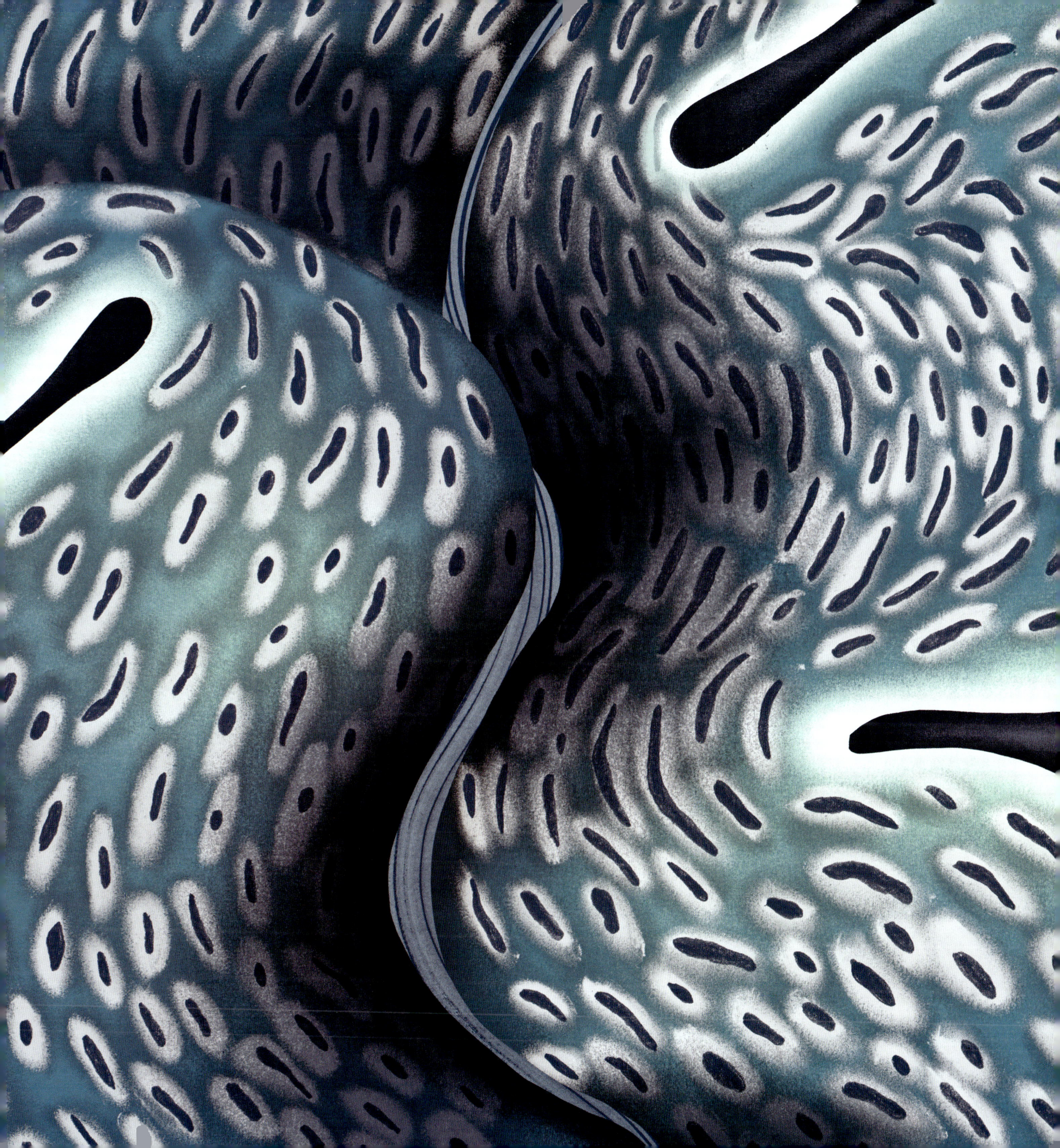

Königs-Papageifisch

| Lateinischer name: Scarus vetula | Grösse: 40 cm |
Fisch mit vielen kieferzähnen, die einen papageiartigen schnabel bilden

Korallenriffe gehören zu den lebendigsten Orten der Welt mit Bewohnern in den strahlendsten Farben und Schattierungen: von leuchtenden Gelb- und Rottönen bis zu schillernden Grüntönen und Neonblau. Eines der farbenprächtigsten Wunder ist der bunte Königs-Papageifisch. Seine glatten Schuppen überlappen sich und bilden dadurch eine flexible schützende Haut. Bei manchen Arten ist der glitzernde Panzer so undurchdringlich, dass er sogar eine Speerspitze abwehren kann.

Papageifische grasen in Schulen auf toten Korallenriffen auf der Suche nach den wertvollen Algen, die im Inneren leben.

Die Skelette der Korallen werden anschließend in Wolken feiner Sedimente ausgeschieden, die zur Bildung weißer Sandstrände beitragen.

Pflanzenfresser wie die Papageifische verhindern, dass die Korallenriffe von Algen erstickt werden.

Nahaufnahme der Schuppen eines Königs-Papageifischs

Zooplankton

| GRÖSSE: 2 MIKROMETER–200 MM |

MIKROSKOPISCH KLEINE TIERE UND ENTWICKLUNGSSTADIEN GRÖSSERER TIERE

Wenn sich die Nacht über das Riff senkt, füllt sich das Wasser mit Wolken von Zooplankton, das in der Strömung treibt und sich von Planktonpflanzen ernährt. Das Zooplankton ist wiederum die Beute von Meerestieren aller Größe – von Korallenpolypen, Rankenfüßern und Seescheiden bis zu Fischen und Walen. Dadurch ist das Zooplankton das entscheidende Bindeglied zwischen Pflanzenplankton und dem tierischen Leben auf dem Riff.

Ruder-fußkrebs

Typischerweise nur 1-2 mm groß, ist dieser tränenförmige Krebs eine der häufigsten Arten in der Plankton-Suppe. Er nutzt seine Antennen und Körperglieder wie Paddel und gleitet, schießt und springt durch das Wasser.

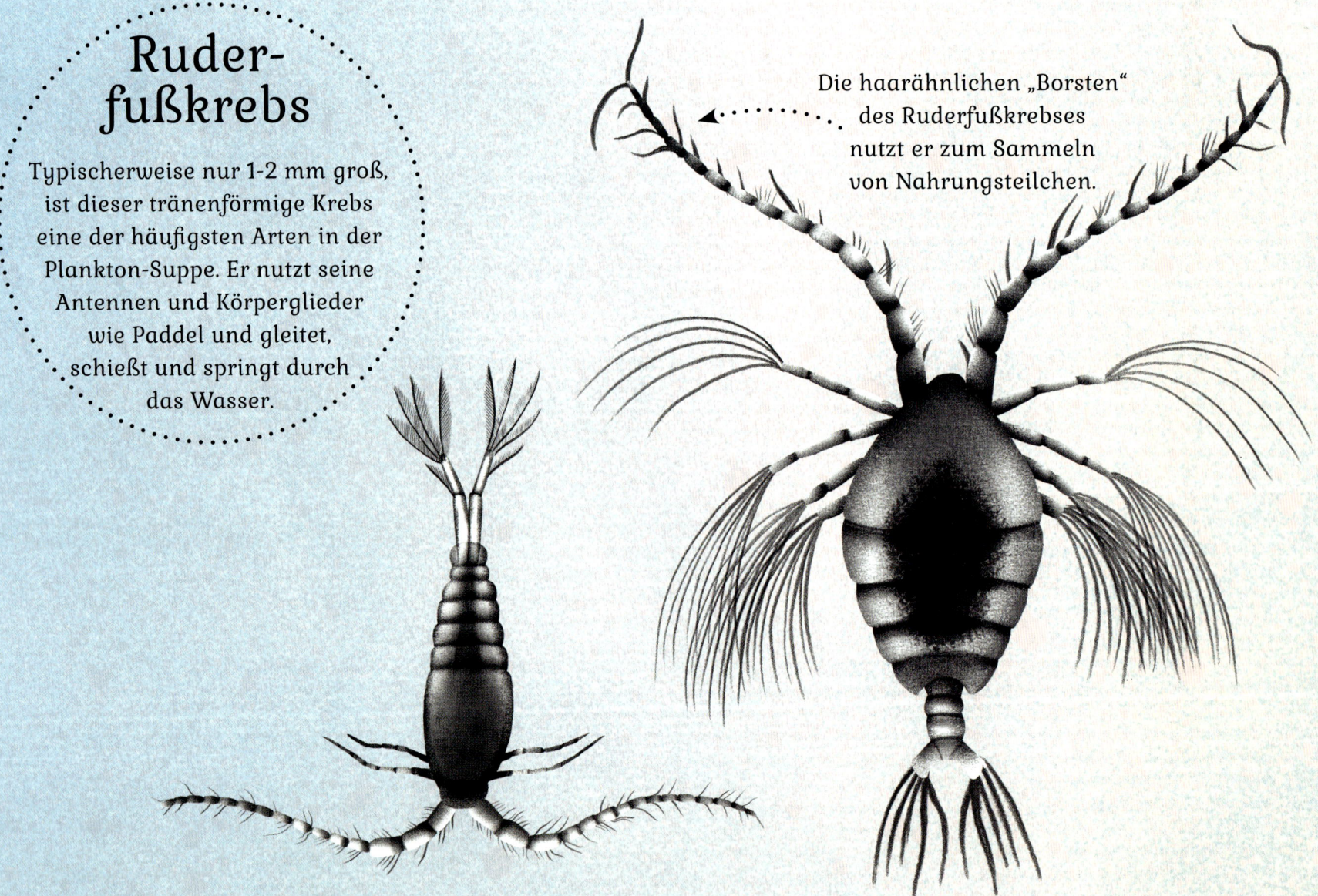

Die haarähnlichen „Borsten" des Ruderfußkrebses nutzt er zum Sammeln von Nahrungsteilchen.

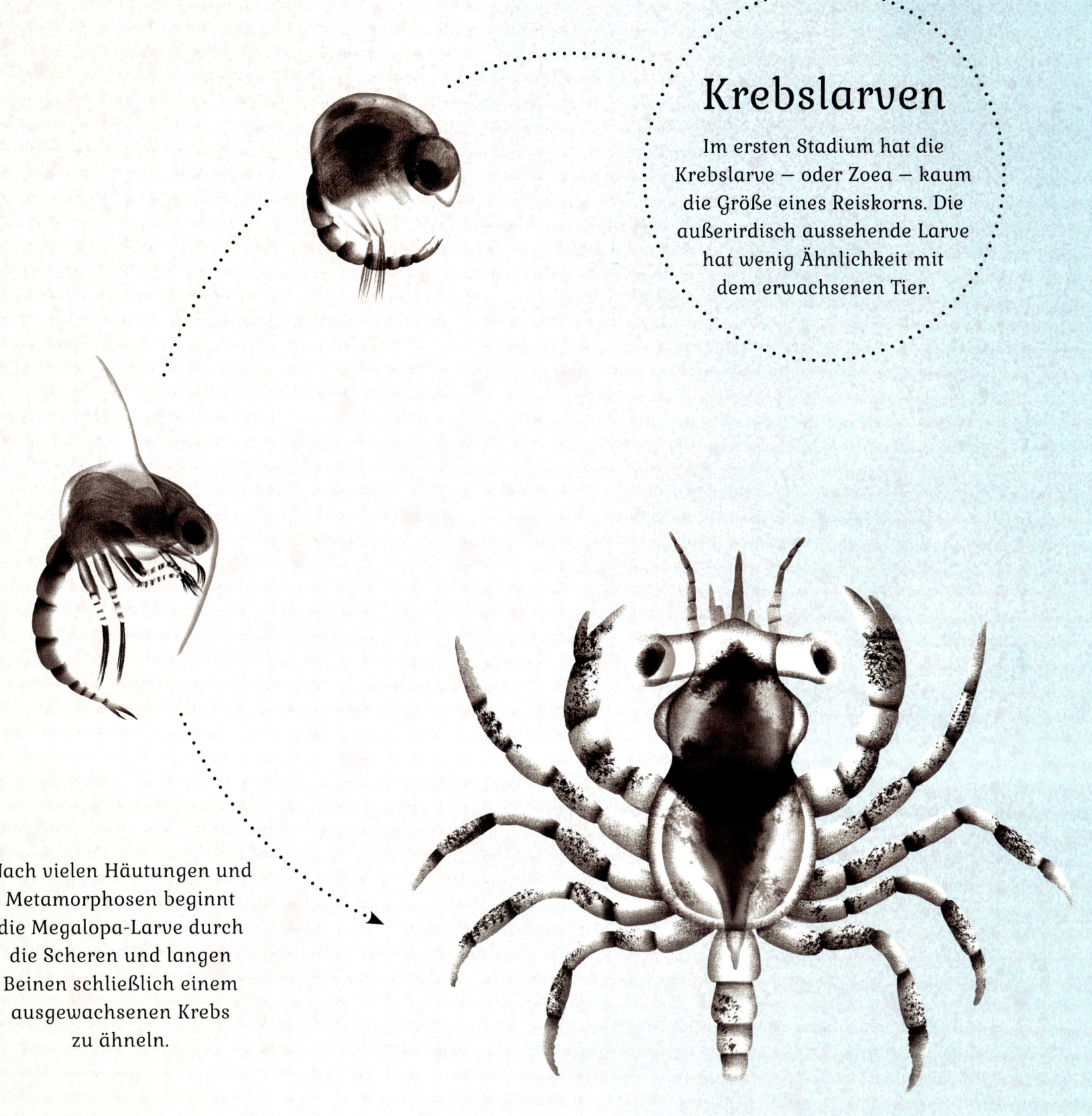

Krebslarven

Im ersten Stadium hat die Krebslarve – oder Zoea – kaum die Größe eines Reiskorns. Die außerirdisch aussehende Larve hat wenig Ähnlichkeit mit dem erwachsenen Tier.

Nach vielen Häutungen und Metamorphosen beginnt die Megalopa-Larve durch die Scheren und langen Beinen schließlich einem ausgewachsenen Krebs zu ähneln.

Mikroskopisch vergrößerte Ruderfußkrebse und Krebslarven

Foraminiveren

| GRÖSSE: 1 MM–20 CM |

EINZELLIGE ORGANISMEN MIT GEHÄUSE

....

Wenn man den Sandboden eines Korallenriffs vergrößert, entdeckt man Millionen von
Foraminiveren. Manche treiben frei im Wasser, aber der Großteil lebt auf Felsen und
Pflanzen oder im Sand und Schlamm. Die meisten Arten sind so klein, dass man
sie nur durch ein Mikroskop sehen kann. Wenn sie sterben, fallen ihre Skelette auf
den Meeresboden und bleiben als Fossilien im Sediment erhalten.

Mikroskopisch vergrößerte Foraminivere

62

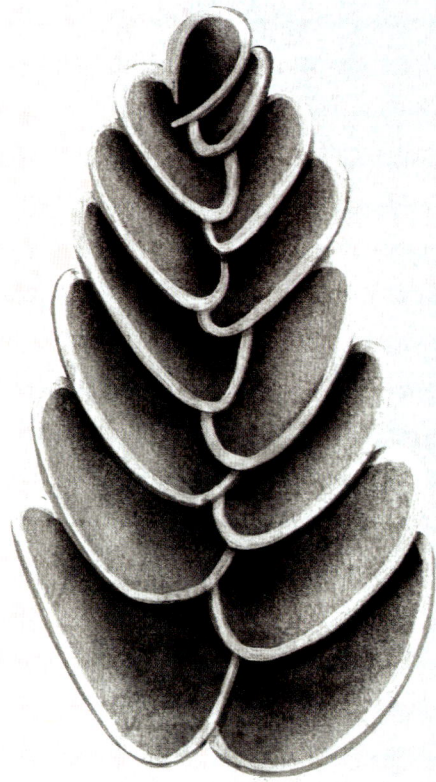

Viele Foraminiveren besitzen in ihrem Inneren Schalen, die Kammern bilden.

Über die Zeit haben sich die Sedimentablagerungen der Foraminiveren verdichtet und sind zu Kalkfelsen gewachsen. Einige der bekanntesten Sehenswürdigkeiten der Welt, zum Beispiel die weißen Kreidefelsen von Dover oder die ägyptischen Pyramiden, sind mit diesen Mikroorganismen gefüllt.

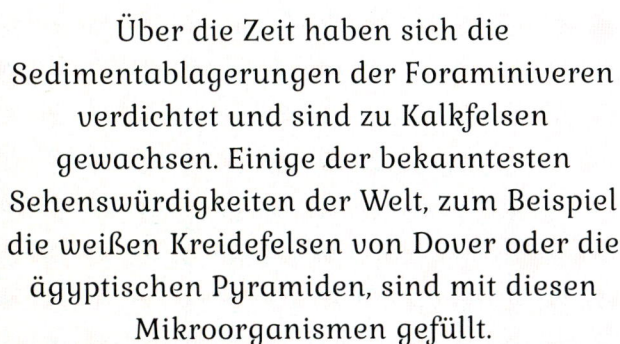

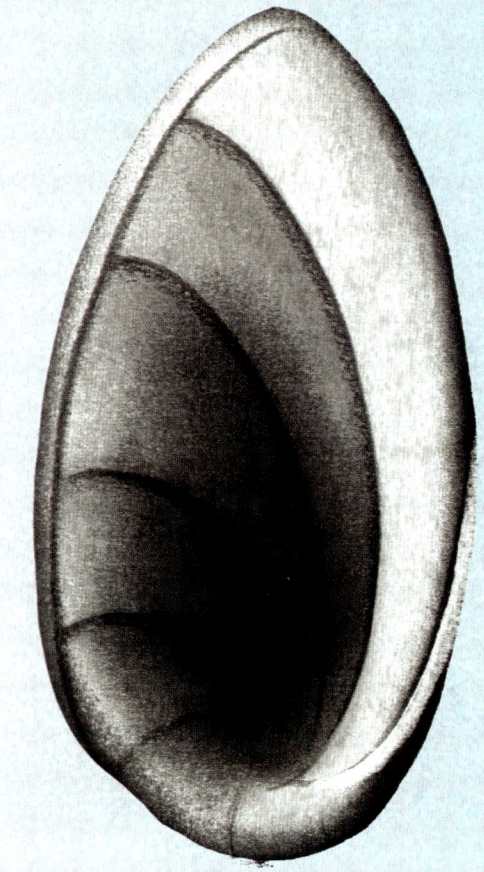

Diese uralten Formen traten vor 500–540 Millionen Jahren erstmals auf. Durch ihr Studium können Wissenschaftler die Gesundheit der Ozeane beurteilen und erforschen, wie sich die globalen Temperaturen in der Vergangenheit verändert haben könnten.

Die unendliche blaue Weite

Wenn man von den Küsten ins offene Meer hinaus-
fährt, findet man Organismen, die ihr ganzes Leben
lang kein Ufer, keinen Meeresboden oder auch nur
die Wasseroberfläche berühren. In diesen offenen
Gewässern tummeln sich die Riesen der Ozeane:
Wie silberne Unterwasserboote gleiten Schulen von
Barracuda-Haien oder Speerfischen mit der Strömung.
Blauwale – die allergrößten Tiere der Erde –
unternehmen weite Reisen zu ihren Futterplätzen in
der Arktis und Antarktis. Die meisten Lebewesen
finden sich direkt unterhalb der Oberfläche, wo das
Wasser noch vom Sonnenlicht erhellt wird.

Blaue Ozeanschnecke und Portugiesische Galeere

| Blaue Ozeanschnecke | Lateinischer name: Glaucus atlanticus | Grösse: 1–3 cm |
| Portugiesische Galeere | Lateinischer name: Physalia physalis |
| Grösse: körper 9–30 cm, tentakel bis zu 50 m lang |

....

Die Tentakel der Portugiesischen Galeere sehen aus wie eine Perlenkette, sind aber mit hochgiftigen Nesselzellen besetzt. Unerschrocken haftet sich die blaue Ozeanschnecke an die Portugiesische Galeere und beginnt ihre Mahlzeit. Sie ist immun gegen die Giftstoffe und speichert sie in der Cerata, einem finger-ähnlichen Hautauswuchs an ihrem Körperende. Die Konzentration des Giftes ist in der kleineren Blauen Ozeanschnecke so hoch, dass es tödlich ist, sie zu berühren.

Die Blaue Ozeanschnecke nennt man auch Seeschwalbe oder im Englischen „Blue Dragon" — „Blauer Drache".

Die Portugiesische Galeere gehört zur Gattung der Staatsquallen. Sie besteht aus einer ganzen Kolonie winziger Einzelorganismen.

Ihren Namen verdankt sie der sackförmigen Gasblase, mit der sie wie ein altes Kriegsschiff aussieht, das die Segel gesetzt hat.

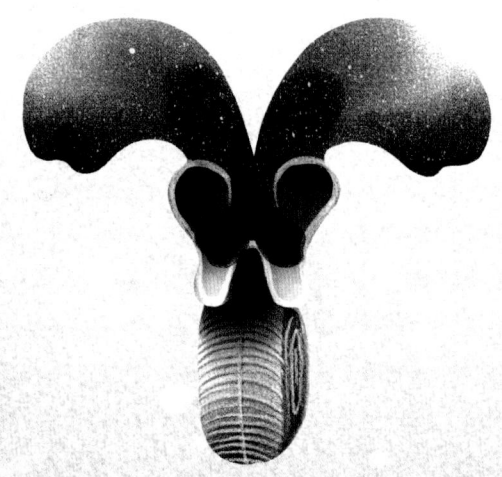

Seeschmetterling

| LATEINISCHER NAME: LIMACINA HELICINA | GRÖSSE: 2 MM |
KLEINE SCHMETTERLINGSÄHNLICHE MEERESSCHNECKE

Diese seltsame, wunderschöne Seeschnecke ist eines der faszinierendsten Meereslebewesen. Sie nutzt ihre herzförmigen Muskelfüße wie Flügel, mit denen sie – wie ein winziger Schmetterling – durch das Wasser flattert und schwebt. Die Seeschnecke hat die Größe eines Sandkorns, eine durchsichtige Schale und einen gelartigen Körper. Der Seeschmetterling ist sehr empfindlich und eine leichte Beute für größere Seeschnecken, Fische, Seevögel und sogar Wale.

Die Schnecke bewegt sich mit einer „Klapp- und Schleudertechnik" fort: Abwechselnd schlägt sie ihre Flügel schnell zusammen und klappt sie wieder auseinander.

Zum Fangen ihrer Beute — Phytoplankton und kleines Zooplankton — produziert sie ein Netz aus klebrigem Schleim.

Ähnlich wie bei ihren Verwandten an Land besteht ihr spiralförmig gewundenes Schneckenhaus aus Kalziumkarbonat.

Mikroskopisch vergrößerter Seeschmetterling

Ruderschnecke

| Lateinischer name: Clione limacina | Grösse: 5 cm |
Räuberische meeresschnecke

....

Zum eleganten Tanz des Seeschmetterlings gesellt sich die fantastische, aber tödliche Ruderschnecke. Dieses außergewöhnliche, grazil wirkende Meereswesen ist ein rücksichtsloser Jäger. Nach einer wilden Verfolgung greift sie sich den Seeschmetterling mit ihren tentakelartigen Armen, zieht den weichen Körper mit den scharfen Haken in ihrem Mund aus der Schale und verspeist ihn dann mit einem Bissen.

Ruderschnecken schlagen zweimal pro Minute ihre „Flügel" wie in einer Ruderbewegung, wenn sie nicht auf der Jagd sind.

Sie haben keine Augen, aber chemische Sensoren, um ihre Beute aufzuspüren. Wenn ein Opfer naht, reagieren sie schnell.

Ruderschnecken werden wiederum von Fischen und Planktonfressern wie Bartenwalen gejagt.

ne Ruderschnecke jagt einen Seeschmetterling.

Ohrenqualle

| Lateinischer name: Aurelia aurita | Grösse: ausgewachsene tiere bis zu 30 cm |
Quallen sind keine fische, sondern weichtiere mit gelählichem bauch und hängenden fangarmen

Quallen haben einen ungewöhnlichen Lebenszyklus. Bis sie ausgewachsen sind, durchlaufen sie vier sehr unterschiedliche Stadien. Während der Ephyra-Larvenphase sind die Babyquallen nicht einmal einen Zentimeter groß. Sie ähneln Schneeflocken, wenn sie beim Schwimmen in der Strömung sanft pulsieren und dabei noch kleineres Plankton als Nahrung einsaugen. Bis zum Erwachsenenstadium dauert es nur wenige Monate.

Das Leben der Qualle beginnt mit dem befruchteten Ei, das sich zur Planula, einer frei schwimmenden Larve, entwickelt.

Die Planula-Larve setzt sich am Boden fest und verwandelt sich in einen Polypen mit Mund und Tentakeln, der einer Blume ähnelt.

Durch seitliche Knospung formt der Polyp winzige Ephyra-Larven, die sich lösen und fortschwimmen, um sich zur ausgewachsenen Qualle zu entwickeln.

Mikroskopisch vergrößer
Ephyra-Larve der Ohrenqual

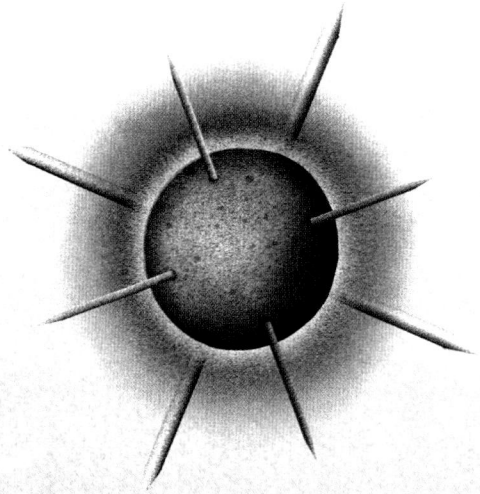

Strahlentierchen

| LATEINISCHER NAME: RADIOLARIA | GRÖSSE: 30 MIKROMETER–2 MM |
EINZELLIGE ORGANISMEN MIT KOMPLEXEN MINERALISCHEN SKELETTEN

. . . .

Diese einzelligen Organismen, die im Zooplankton der Weltmeere schwimmen, leuchten wie ein Feuerwerk. Ihre Skelette bestehen aus Kieselerde und haben eine robuste kristalline Struktur. Dieser ist es zu verdanken, dass es gut konservierte Fossilien gibt, die sich im Laufe von über hundert Millionen Jahren gebildet haben. Es sind über 5 000 unterschiedliche Arten von Radiolarien bekannt – fossile und lebende –, und jede hat ihre eigene, einzigartige Form.

Viele Arten sind nur Bruchteile eines Millimeters groß, andere kann man mit dem bloßem Auge erkennen.	Sie ernähren sich von vorbeitreibenden Bakterien oder Plankton, darunter Kieselalgen und Ruderfußkrebse.	Die Nahrung wird mit langen, stacheligen „Axopodien" gefangen, die von der Zellmembran abstehen.

Mikroskopisch vergrößerte Strahlentierchen

Acantharia

| GRÖSSE: 30 MIKROMETER–2 MM |

EINZELLIGE ORGANISMEN, DIE ENG MIT RADIOLARIEN VERWANDT SIND

....

Acantharia gehören mit ihrem sternförmigen, geometrischen Skelett zu den schönsten Planktonarten. An ruhigen Tagen steigen sie hinauf in die oberen Wasserschichten des offenen Meeres, um das Sonnenlicht aufzunehmen. Viele Arten leben wie Korallen in Symbiose mit Mikroalgen. Die Acantharia sorgen für Nährstoffe und ein sicheres Zuhause, die Mikroalgen verarbeiten die Sonnenenergie.

Mikroskopisch vergrößerte Acanthari

76

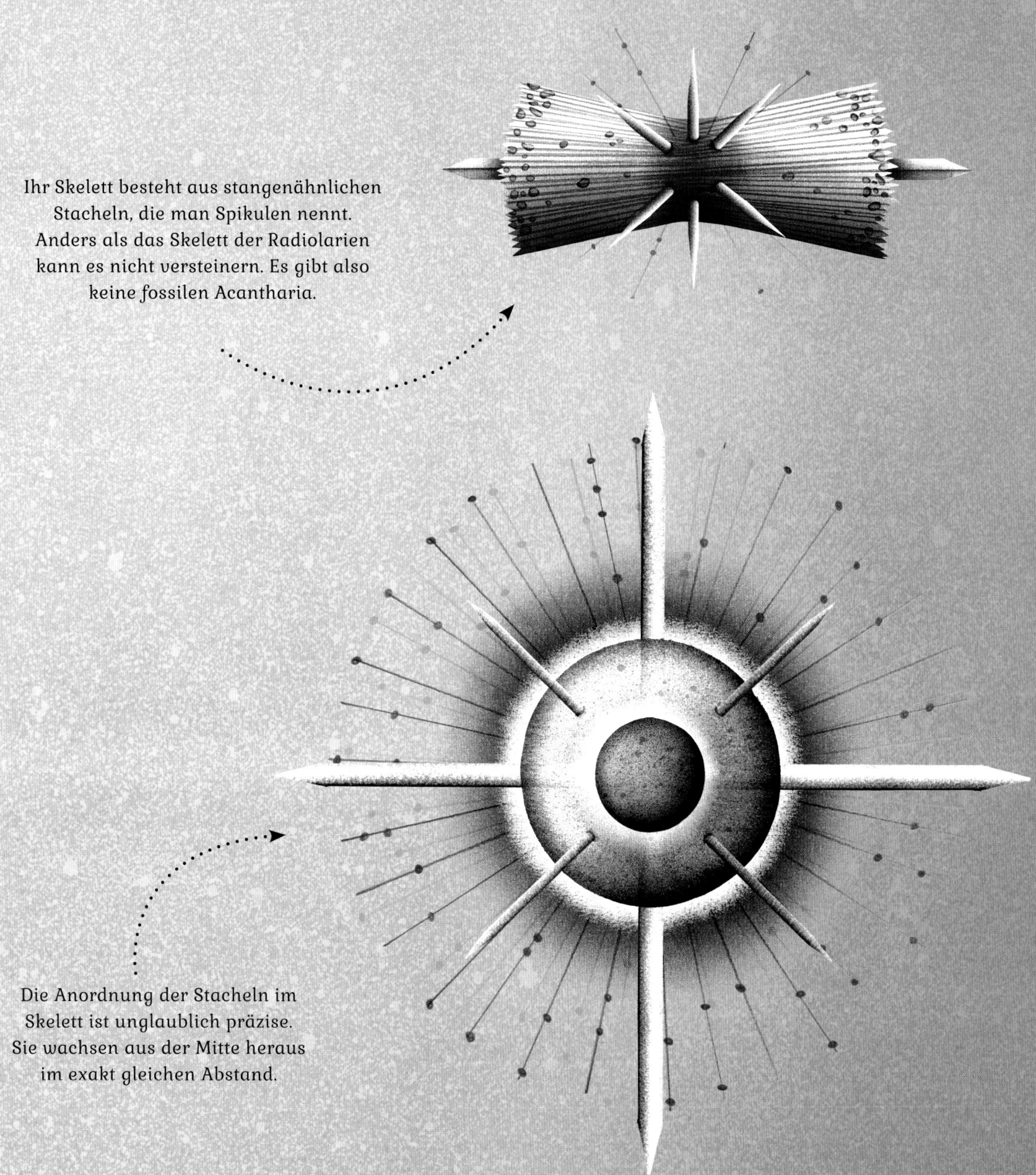

Ihr Skelett besteht aus stangenähnlichen Stacheln, die man Spikulen nennt. Anders als das Skelett der Radiolarien kann es nicht versteinern. Es gibt also keine fossilen Acantharia.

Die Anordnung der Stacheln im Skelett ist unglaublich präzise. Sie wachsen aus der Mitte heraus im exakt gleichen Abstand.

In der Tiefe

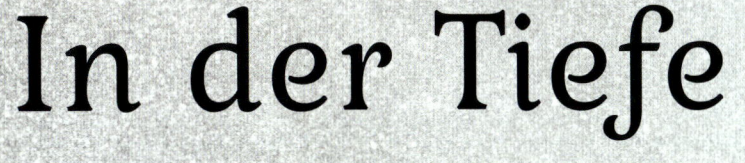

Tief verborgen unter den Wellen liegt eine fremde
Welt, bewohnt von seltsamen Lebewesen. Eine
Welt, die kaum ein menschliches Auge gesehen hat,
die aber eine ungewöhnliche Vielfalt an Lebewesen
beherbergt. Furchterregende Seeteufel liegen dort
im Wasser, das offene Maul mit spitzen Zähnen
besetzt, leuchtende Quallen und Garnelen
flackern wie Neonreklame in der Dunkelheit, und
geisterhafte weiße Krabben sammeln sich
zu Tausenden rund um vulkanische Seekrater.

Pazifische Riesenkrake

| LATEINISCHER NAME: ENTEROCTOPUS DOFLEINI | GRÖSSE: 5 M |
RIESIGER KOPFFÜSSER MIT WEICHEM KÖRPER UND STARKEM PAPAGEIARTIGEM SCHNABEL

Verborgen in einer Felsnase treiben wie Luftballons die riesigen Eier der Pazifischen Riesenkrake in der Strömung des Ozeans. Sie werden ununterbrochen vom Weibchen bewacht, das selten seine Höhle verlässt und während der gesamten Brutzeit keine Nahrung zu sich nimmt. Wenn die Schlüpflinge schließlich auf die Welt kommen, sind sie knapp sechs Millimeter groß. Die Rolle der Mutter als Beschützerin ist damit beendet, kurz darauf stirbt sie vor Hunger und Erschöpfung.

Bei manchen Arten dauert die Brutzeit über vier Jahre. Die Mutter bewacht ihren Nachwuchs ohne Unterbrechung.

Die Pazifische Riesenkrake ist eine der größten Krakenarten mit einer Tentakellänge von mehr als vier Metern.

In alten Legenden kommt diesem gigantischen Oktopus die Rolle des gefürchteten Monsters zu, das Schiffe in Stücke reißt.

Nahaufnahme des Geleges einer Pazifischer Riesenkrake und eines Schlüpflings.

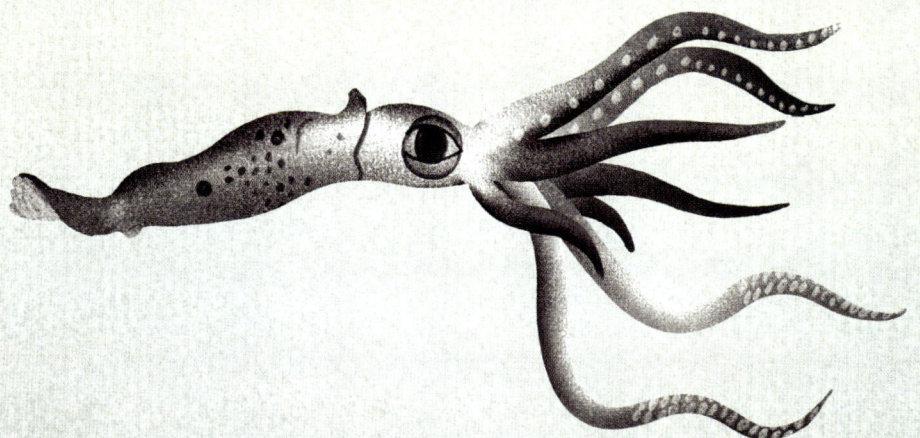

Tiefseekalmar

| Lateinischer name: Chiroteuthis calyx | Grösse: 30 cm |
Kopffüsser mit acht armen, in paaren angeordnet, und zwei längeren Tentakeln

. . . .

Bewegungslos hängt der Kalmar über dem Abgrund und wartet geduldig. Dank seines durchsichtigen Körpers bleibt er im trüben Licht unsichtbar, während er mithilfe seiner großen Augen seine Beute erspäht. An den Enden seiner Tentakel hat er leuchtende „Fallen", mit denen er kleinere bioluminiszierende Meereswesen imitiert. Durch das Versprechen auf Nahrung angelockt, fällt eine vorbeischwimmende Garnele auf den Köder herein und wird gefangen.

In einer Welt der beinahe totalen Finsternis produzieren viele Tiefsee-Lebewesen ihr eigenes bioluminiszierendes Licht.

Bioluminiszenz wird genutzt, um Beute anzulocken, einen Partner zu finden, Feinde abzuwehren oder andere Lebewesen nachzuahmen.

Wird der Tiefseekalmar aufgescheucht, flieht er und hinterlässt dabei eine Spur aus Tinte, die seiner Körperform ähnelt.

In Tiefseekalmar lockt eine Garnele mit seinen ioluminiszierenden Tentakeln in die Falle.

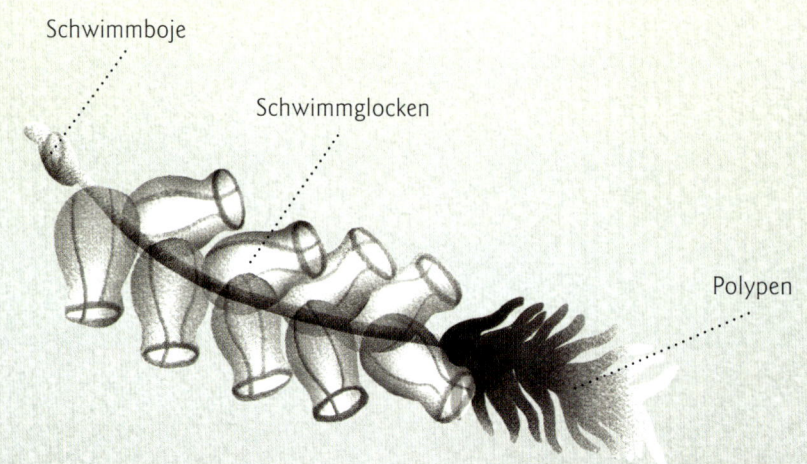

Schwimmboje

Schwimmglocken

Polypen

Staatsquallen

| Lateinischer name: Marrus orthocanna | Grösse: 2 m |

Staatsquallen oder sophonophoren sind kolonien, bei denen sich unzählige einzeltiere zu einem stock verbinden

Im tiefen, kalten Arktischen Meer bewegt sich diese seltsame Staatsqualle wie
eine lange Girlande Lampions langsam durch das Wasser. Ab und zu legt sie
eine Pause ein und fährt ihre „Angelruten" aus, um vorbeischwimmende Tiere
zu fangen. Sie selbst ist kein normales Tier, sondern eine Kolonie einzelner
Lebewesen, die zusammenarbeiten. Jedes Mitglied der Gemeinschaft hat eine
besondere Aufgabe: Manche fangen Beute, andere verdauen Nahrung, einige
sind für die Fortpflanzung zuständig, wieder andere für das Schwimmen.

Am vordersten Ende hat	Gleich dahinter befinden	Hinten folgt ein langer
sie eine orangefarbene	sich die Schwimmglocken,	Schwanz aus Polypen,
gasgefüllte Schwimmboje, die	dank derer sie vorwärts,	zuständig für den Beutefang,
dafür sorgt, dass die Kolonie	rückwärts und seitwärts	die Fortpflanzung und andere
im Wasser schwimmt.	schwimmen kann.	lebenswichtige Aufgaben.

Eine Staatsqualle der Art Marrus Orthocanna fän[g]
mit ihren klebrigen Tentakeln einen Fisc[h]

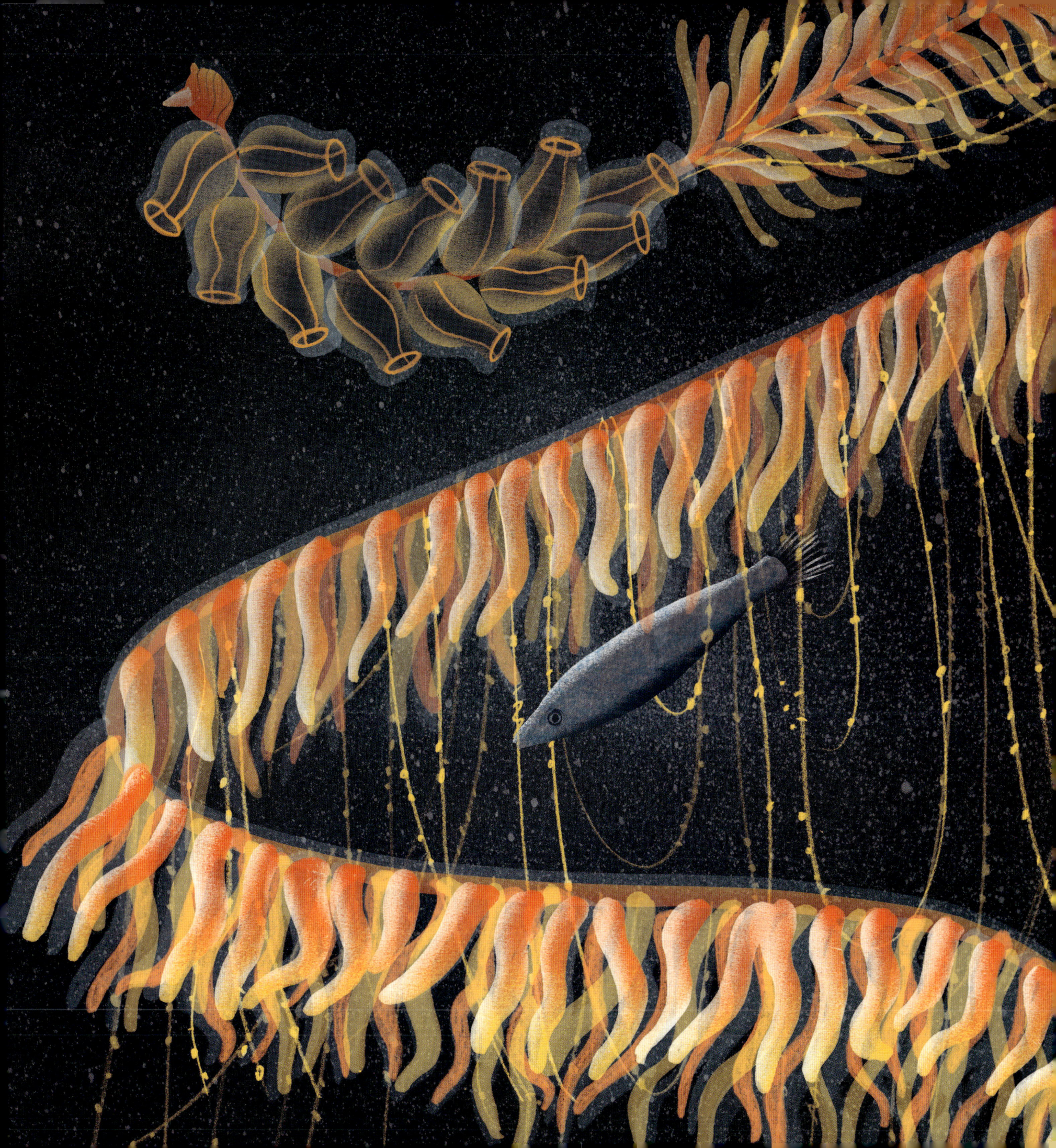

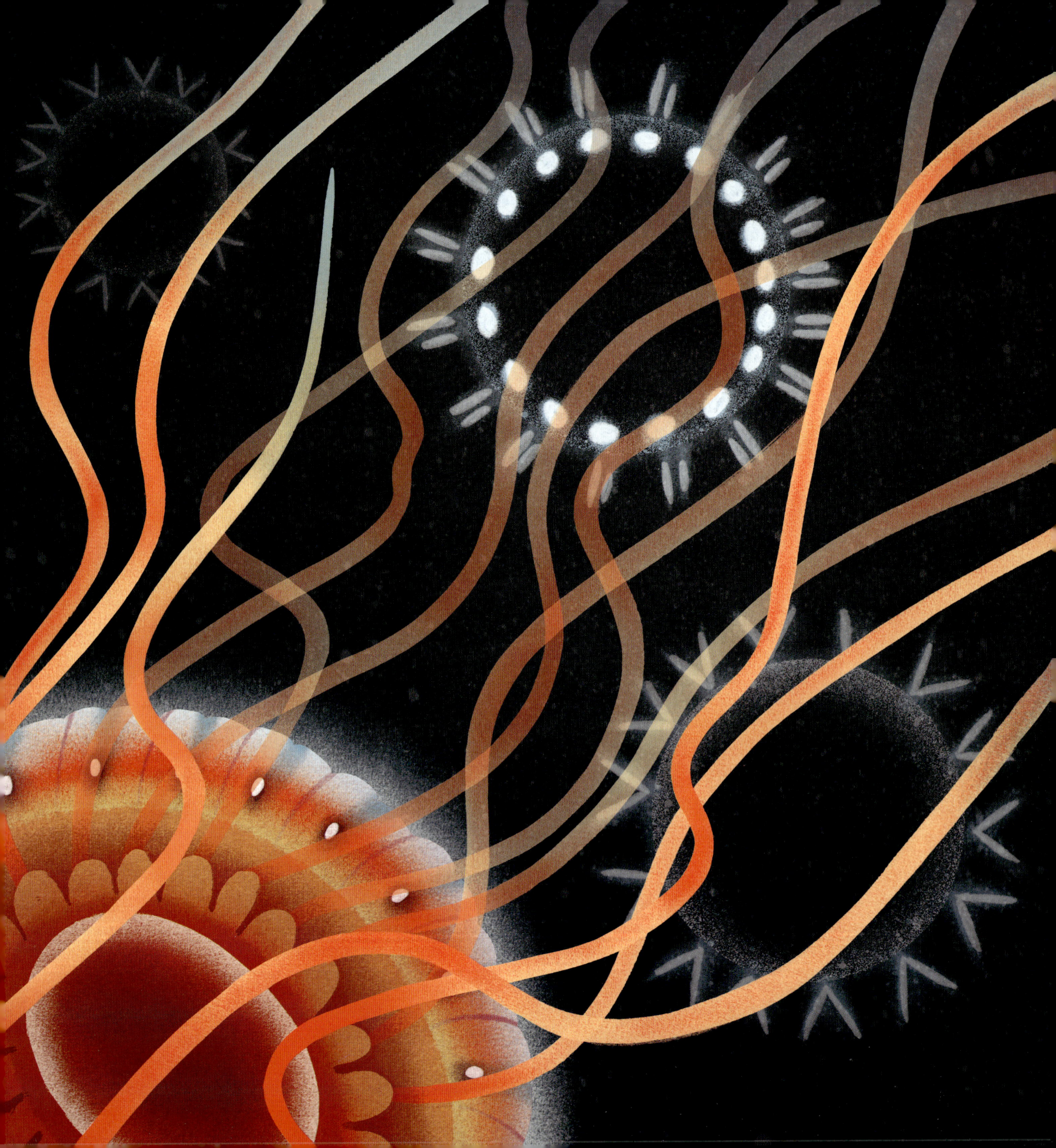

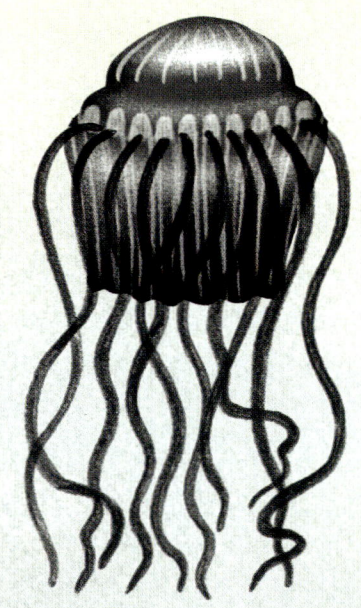

Atolla-Qualle

| Lateinischer name: Atolla wyvillei | Grösse: 15 cm Durchmesser |
Eine tiefsee-variante der kranzqualle

....

Wie ein Raumschiff gleitet die Qualle durch die trübe Tiefenzone des Meeres.
Sie verfügt über eine außergewöhnliche Methode, Gefahr abzuwehren: Wenn
sie von einem Jäger bedroht wird, reagiert sie mit einem blinkenden, blauen
Licht. Wie eine Alarmanlage lockt dieses biolumiszierende Leuchten Tiere
an, die größer sind als das Jagdtier. Diese fressen dann den Angreifer der
Atolla-Qualle, während sie selbst sich in Sicherheit bringt.

Die Atolla-Qualle lebt in 1000 bis 4000 Metern Tiefe in den fast lichtlosen Schichten des Ozeans, der sogenannten aphotischen Zone.

Die tiefrote Qualle mag in unseren Augen farbenprächtig wirken, aber rot ist eine der ersten Farben, die in der Tiefe nicht mehr wahrnehmbar sind.

Ihre rote Färbung erlaubt es der Atolla-Qualle, „unsichtbar" zu werden, und hilft ihr somit, sich vor Jägern zu verstecken und selbst Beute zu fangen.

Bioluminiszierende Atolla-Qualle

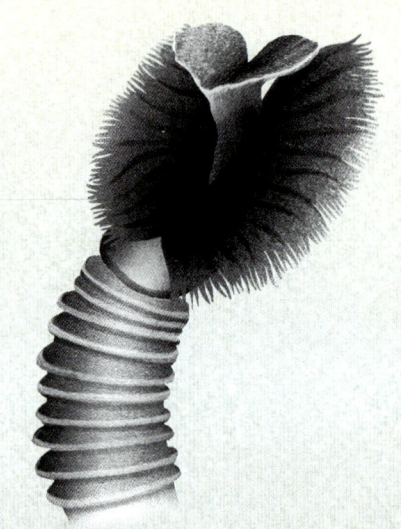

Riesenröhrenwürmer

| Lateinischer name: Riftia pachyptila | Grösse: bis zu 2 m lang |
Wirbelloses meerestier mit röhrenkörper

Aus den Schloten gigantischer Tiefseequellen am Meeresboden steigen Schwaden giftiger Stoffe auf, die heiß genug sind, um Blei zu schmelzen. In 2 000 Metern Tiefe gibt es kein Sonnenlicht und der Druck ist gewaltig. Eigentlich kann unter diesen Bedingungen kein Leben existieren, und doch haben sich rund um die Hypothermalquellen geschäftige Gemeinschaften von Muscheln, Meeraalen, Springkrebsen, weißen Krabben und Anemonen angesiedelt. Sie alle werden überragt von den roten Spitzen der Riesenröhrenwürmer.

Ein Leben in diesen Tiefen ist nur durch die Trillionen einzelliger Bakterien und Organismen möglich, die am Ende der Nahrungskette stehen.

Sie wandeln die mineralstoffreichen Dämpfe der Quellen in Energie um – ein Prozess, den man Chemosynthese nennt.

Die ersten Lebewesen der Tiefsee wurden erst kürzlich entdeckt. Bis in die späten 1970er Jahre glaubten Wissenschaftler, dass hier fast kein Leben existiert.

Riesenröhrenwürmer und Muscheln klammern sich an den Schlot einer Tiefseequelle

Radiolarienschlamm

| GRÖSSE: 30 MIKROMETER–2 MM |
SKELETTÜBERRESTE VON RADIOLARIEN, DIE SICH AM MEERESBODEN ABSETZEN

Knapp über dem Meeresboden sinkt langsam ein beständiger Regen aus totem Plankton herab. Manche Partikel schweben wochenlang, ehe sie schließlich den tiefsten Punkt erreichen. Unter ihnen sind die mikroskopisch kleinen Schalen und Skelette der Radolarien.

Ihre komplexen geometrischen Skelette weisen eine verblüffende Formenvielfalt auf und erinnern an die Schönheit von Edelsteinen.

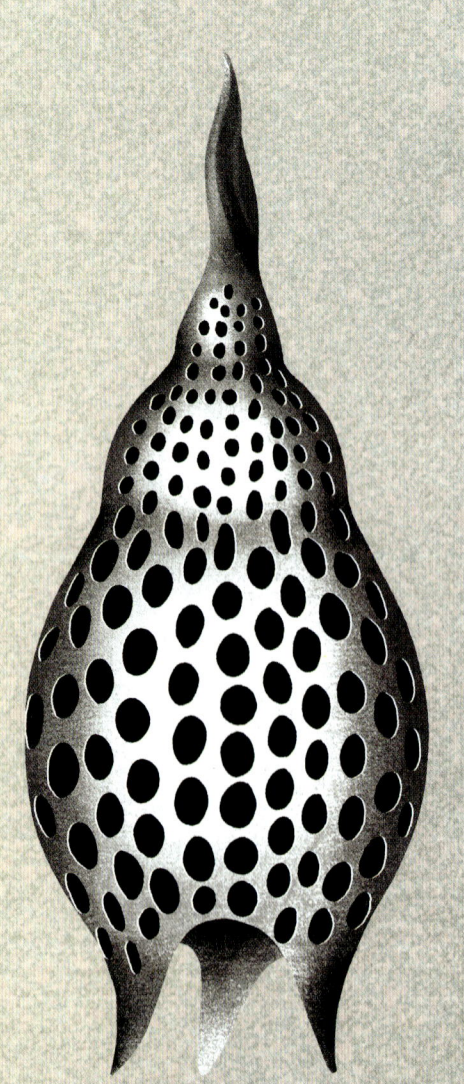

Seit der Entdeckung der Radiolarien, auch Strahlentierchen genannt, inspirieren sie Wissenschaftler, Architekten, Maler und Bildhauer.

Mikroskopisch vergrößerte Radiolarien-Skelette, di
man in den Sedimenten der Tiefsee gefunden ha

In den Sedimenten hat man
Fossilien von Radiolarien gefunden,
die über 500 Millionen Jahre alt
sind. Sie liefern Wissenschaftlern
Erkenntnisse zur geologischen
Geschichte unserer Erde.

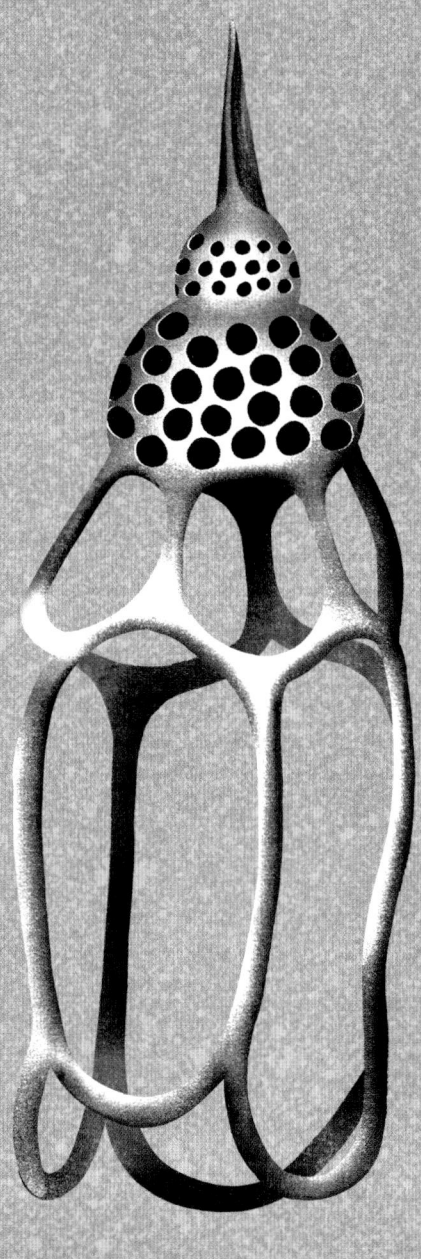

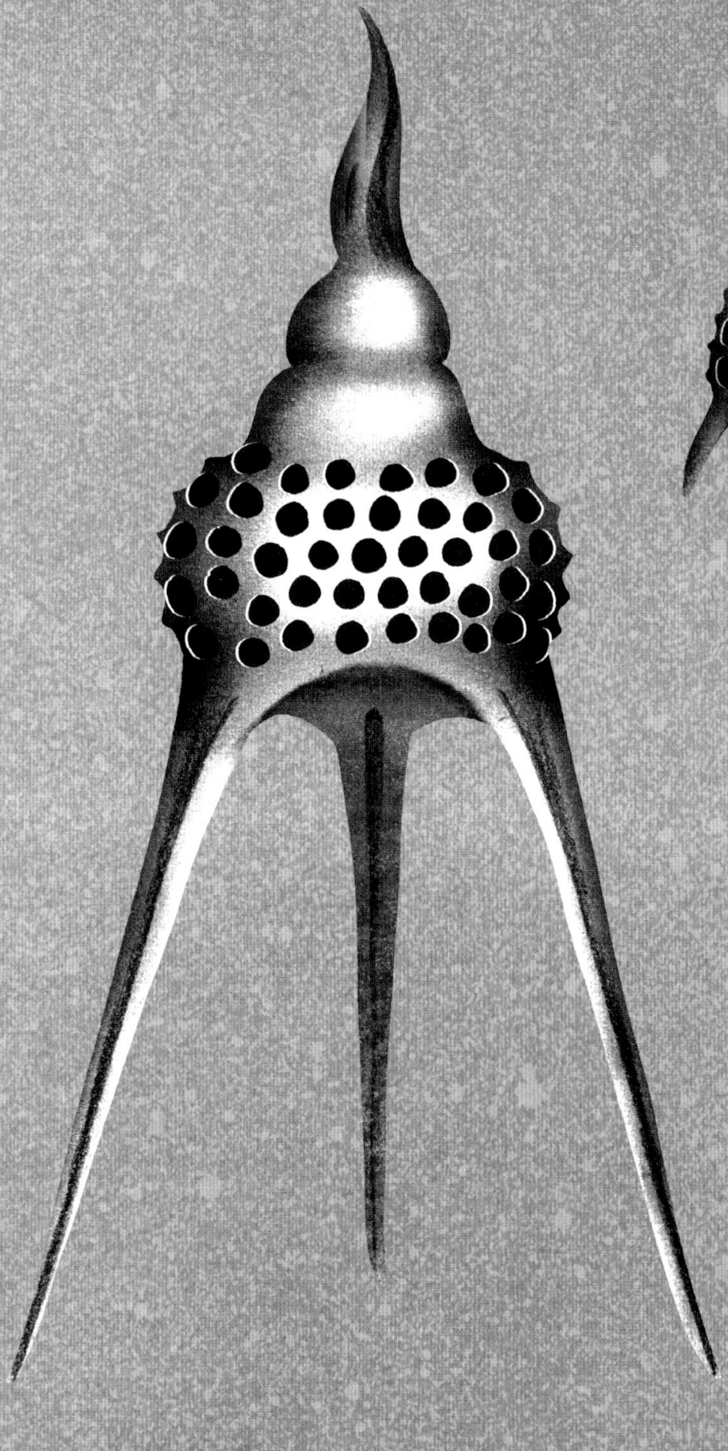

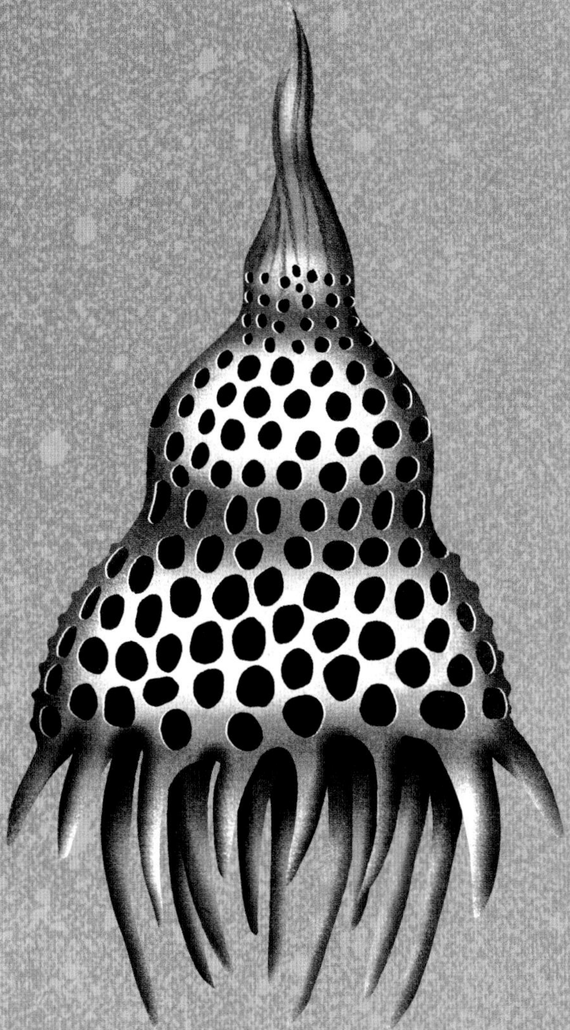

Obwohl man sie mit dem
bloßen Auge nicht sehen
kann, sind die Skelette der
Radiolarien verblüffend
komplex.

Manche sind kugel- oder
kegelförmig, andere
sehen wie Pyramiden
aus. Und wieder andere
haben Ähnlichkeit
mit einem filigranen
Kristallleuchter.

„Wer einmal dem Zauber der Meere verfallen ist, der ist für immer in seinen Netzen aus Wundern gefangen."

Jacques-Yves Cousteau

Es spielt keine Rolle, wie weit dein Wohnort vom Meer entfernt ist, die Ozeane beeinflussen unser aller Leben. Sie ernähren nicht nur eine verblüffende Vielfalt von Lebewesen – viele davon müssen noch entdeckt und erforscht werden –, sondern versorgen uns auch mit unserem Trinkwasser, unserer Nahrung und der Luft, die wir atmen. Dennoch ist dieses unschätzbar wertvolle Ökosystem durch Umweltverschmutzung, Überfischung und den Anstieg der Meerwassertemperaturen zunehmend in Gefahr.

Auf den folgenden Webseiten findest du Informationen darüber, wie du helfen kannst, das Leben in den Meeren und die Lebensräume auf unserer Erde zu schützen ...

Greenpeace
www.greenpeace.de

NABU
www.nabu.de

WWF
www.wwf.de

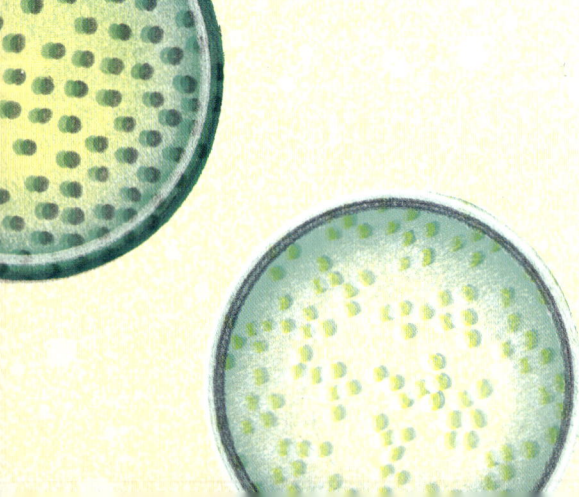

Über die Illustratorin:

Eleanor Taylor studierte Kommunikation, Kunst und Design und schloss 2011 das Royal College of Art ab. Zu ihren Auftraggebern gehören u. a. die Zeitungen New York Times, Guardian und Wall Street Journal, das Magazin New Statesman und die Smithsonian Institution. 2012 stand sie auf der Shortlist des Jerwood Drawing Prize und 2015 wurde sie von der Association of Illustrators (AOI) mit dem renommierten Prize for Illustration ausgezeichnet. Sie lebt und arbeitet in Hastings, East Sussex, am Meer.

Die Illustrationen in diesem Buch sind mit Pinsel, Tusche, Bleistift und Kohlestift gezeichnet und wurden digital koloriert.